ISSN 注册与管理

崔明明　编著

國家圖書館出版社
National Library of China Publishing House

图书在版编目(CIP)数据

ISSN注册与管理/崔明明编著. —北京:国家图书馆出版社,2013.7

ISBN 978-7-5013-5125-1

Ⅰ.①I… Ⅱ.①崔… Ⅲ.①连续出版物—国际标准刊号—注册②连续出版物—国际标准刊号—管理 Ⅳ.①G239.1

中国版本图书馆CIP数据核字(2013)第118498号

责任编辑:高 爽

书名 ISSN注册与管理
著者 崔明明 编著

出版 国家图书馆出版社(100034 北京市西城区文津街7号)
(原北京图书馆出版社)
发行 010-66114536 66126153 66151313 66175620
66121706(传真) 66126156(门市部)
E-mail btsfxb@nlc.gov.cn(邮购)
Website www.nlcpress.com→投稿中心
经销 新华书店
印刷 北京科信印刷有限公司

开本 880×1230(毫米) 1/32
印张 6.25
版次 2013年7月第1版 2013年7月第1次印刷
字数 165千字

书号 ISBN 978-7-5013-5125-1
定价 40.00元

前　言

国际标准连续出版物号ISSN(International Standard Serial Number)是为不同国家、不同语言、不同机构(组织)各种载体的连续性资源进行信息控制、交换、检索而建立的一种标准的、简明的、唯一的识别代码。

当今出版业迅猛发展,ISSN的应用越来越广泛,并发挥着越来越大的作用。由于任何国家或地区的任何文种的一种连续性资源,都可以用一个唯一的、永久不变的、国际通用的标准数字编码ISSN加以识别,所以最适合计算机的处理,通过计算机可迅速而准确地进行数据更新、数据交换以及各种统计;ISSN在图书馆广泛用于识别题名、连续出版物订购、记到和查补缺期;ISSN为出版商和发行商提供了一种有效而经济的方式,使出版物贸易更加便捷高效;ISSN能帮助学者、科研人员、摘要汇编人员和图书馆员准确地检索所需连续性资源;ISSN可以简化馆际合作、编制联合目录以及连续性资源目录等;在索引或文献引证连续性资源题名时,可以用ISSN代替,既解决资源的鉴别问题,又减少了索引文档的数据量;ISSN在商业广告、邮件处理以及版权登记等方面也可利用;由于在ISSN国际中心建立了世界各国和地区出版的连续性资源的数据库,所以通过这个数据库可检索有关连续性资源的各种信息;通过国际中心的数据库及其有关出版物,还可以更快更好地将本国出版的连续性资源传播到全世界。

本书介绍了ISSN及其结构、特点,ISSN组织机构(国际中心、国家中心)的运行及其职责。介绍了ISSN中国国家中心的历史沿革、主要职责及业务建设情况,重点详述了ISSN中国国家中心ISSN注册的流程、注意事项等,最后还对与ISSN有关联的CN、条码、CODEN进行了说明。

本书还配以图片与 MARC 数据实例，以期使出版界 ISSN 的用户及连续性资源收藏机构工作人员更全面了解和认识 ISSN，特别是更加重视 ISSN 注册与规范使用。

ISSN 中国国家中心自 1985 年成立以来，在各级领导的关心与支持及历任中心主任的领导下，不断迈上新的台阶，推动着我国连续性资源 ISSN 注册与管理工作的发展。在本书即将出版之际，一并感谢国家图书馆各级领导及出版界领导与同仁，一直以来对 ISSN 工作的关心与支持。由于水平有限，疏漏之处在所难免，欢迎专家与同仁不吝赐教。

编著者

2012 年 12 月

目　录

第一章 ISSN

第一节 ISSN

ISSN 是 International Standard Serial Number(国际标准连续出版物号)的简称,由 ISSN 网络分配的连续性资源。ISSN 不反映连续性资源的语种、国别或出版者。

一、ISSN 的由来

20 世纪中期以来,由于科学技术的飞速发展,以反映这一发展成果最新、最快为特点的连续出版物(期刊为主)的出版量迅猛增长。据估计,1971 年全世界以不同文字出版的连续出版物(含停刊)已有 90 余万种。在数量如此庞大的刊物中,如何迅速而准确地掌握相关信息,这是图书、情报、出版工作者欲最终实现的理想。ISSN 的出现,为这一理想变为现实,迈出了决定性的一步。因为 ISSN 系统是一项比较完善的计划,它计划将全世界过去、现在和未来的连续出版物都用阿拉伯数字代码表示出来,以达到控制、管理连续出版物的目的。

1967 年,联合国教科文组织(UNESCO)与国际科学协会理事会(International Council of Scientific Unions)共同研究建立世界科学情报系统(Universal Science Information System,简称 UNISIST)的可能性。根据这一设想,该会的书目著录工作小组(Working Group on Bibliography Description)认为建立一种全世界通用的编号系统,通过计算机处理、记录与传播期刊文献的准确信息,很有必要。

经过一个时期的研究之后,国际标准组织(ISO)1970 年在奥斯陆召开会议，会上提出“国际连续出版物数据系统可行性与初步设计”的报告获得通过，并责成联合国教科文组织试办。又经过技术委员会第46 工作小组研究后，于 1972 年 10 月在海牙会议上通过决议，批准了 ISSN 的标准草案。在 1974 年国际标准组织赫尔辛基会议上，一致承认 ISSN 为国际接受的标准，并于 1975 年正式公布，编号为 ISO 3297—1975(E)。

二、ISSN 结构

国际标准连续出版物号由拉丁字母前缀“ISSN”和 8 位数字组成，数字使用阿拉伯数字 0 至 9，最后一位(最右边第一位)为校验码。校验码在模数 11 的基础上加权(8 至 2)计算而来。

设置校验位的目的是为了避免因不正确转录 ISSN 而引起的错误。它是以 11 为模数，用 8 到 2 这几个数字作加权值来计算的，计算校验位是检查转录错误最有效的方法之一。

校验位计算可以在计算机上自动完成，计算方法如表 1－1 所示。

表 1－1　ISSN 校验位计算

1	取 ISSN 的前 7 位数字(校验位是第 8 位，也是最后 1 位)	1　0　0　4　9　0　5
2	取与各个数字相关的加权值	8　7　6　5　4　3　2
3	将各个数字与其相应的加权值依次相乘	8　0　0　20　36　0　10
4	将乘积相加，得出和数	8 +0 +0 +20 +36 +0 +10 =74
5	用和数除以模数 11，得出余数	74 ÷11 =6 余 8
6	用模数 11 减去余数，	11 －8 =3
7	将所得校验位数放在构成 ISSN 的基本数字的最右边	1004 －9053
如果余数为 10，则由大写 X 代替。如果没有余数，则取用 0。		

例：

1674－229X＝今日药学

1674－165X＝金属加工（热加工）

1672－2310＝中国绿色画报

1672－2140＝中国人民公安大学学报

校验位数字是构成 ISSN 必不可少的而且是不可分割的一部分。

三、ISSN 在连续性资源或网页上的显示

ISSN 必须显示在第一期刊物和以后相继出版的各期刊物或不断更新的连续性资源的替代页上。

如果一个连续性资源有 ISSN 号，同时还有另一个标准号码，如连续性出版物某一卷上的 ISBN，两个号码可以同时出现并有自己的识别前缀：ISSN 和 ISBN，或其他相应的前缀。

如果连续性资源以不同载体形式出版，分配有不同的 ISSN 和识别题名，除本身的 ISSN 之外，相关的 ISSN 也可以显示在连续性资源上，但每一个 ISSN 要附加识别信息。

例：

ISSN 1672－6537（光盘版）

ISSN 1672－528X（印刷版）

或：

光盘版：ISSN 1672－6537

印刷版：ISSN 1672－528X

1. 印刷型连续性出版物 ISSN 的显示

ISSN 应该印刷在每一期连续性资源的显著位置上，先后顺序如下：封面、题名页、文首题名、目次上题名、封底、版权页、编辑说明页。

对一本期刊来说，ISSN 最好印刷在其封面的右上角。虽然由于装订和设计等原因，这个位置可能不方便印刷。如双向倒转刊物，ISSN

应该印刷在各自的封面（或题名页、文首题名、目次上题名、封底、版权页、编辑说明页）上。

2. 非印刷型连续性资源 ISSN 的显示

连续性资源是可接触到的、非印刷型的形式时，ISSN 应该显示在可以阅览到的位置上（如封套、标签、片头）。

连续性资源是缩微胶片时，ISSN 应该显示在其片头和/或标签的可识别区域内。

电子媒体的连续性资源（网上连续性资源、CD-ROM），ISSN 应出现在题名屏上。如果不便，则放在主菜单上或者任何固定在出版物的标签上。如果不能将 ISSN 显示在该资源单册或标签上，ISSN 应显示在封套上。

四、ISSN 的特性

（1）ISSN 的定长性。所有 ISSN 均由 8 位数字组成，这对于计算机的识别与处理十分便利。

（2）ISSN 的自检性。ISSN 与 ISBN、CODEN 等编码系统一样具有自检性。ISSN 有效序号是前 7 位，而最后一位是检验码，根据前 7 位数字按公式计算得出。ISSN 系统的编号总容量为 1000 万个。

（3）ISSN 的唯一性。按照《ISSN 手册》规定，一个 ISSN 只能分配给一种连续性资源，一种连续性资源也只能获得一个固定的 ISSN，这个 ISSN 将成为该连续性资源的唯一识别码。一旦连续性资源题名改变，ISSN 也必须重新申请。

（4）ISSN 与识别题名的一致性。ISSN 的唯一性是依靠识别题名与 ISSN 的一致性来保证。当一个 ISSN 被分配的同时，就必须确定该出版物的识别题名。

（5）ISSN 的国际性。ISSN 是由国际中心和国家中心共同协调管理的标准编号。被分配 ISSN 的出版物的全部信息不仅进入国家 ISSN 数据库，同时也进入国际 ISSN 数据库，成为全世界共享的信息资源。

因此不论在哪个国家或地区，出版了哪些不同文种或不同载体的连续性资源，不论通过哪一种发行渠道发行，也不论收藏在哪个图书馆或机构，只要提供 ISSN，均可在 ISSN 数据库中获得有关信息。

五、ISSN 的功能与作用

（1）由于任何国家或地区的任何文种的一种连续性资源，都可以用一个唯一的、永久不变的、国际通用的标准数字编码 ISSN 加以识别，所以最适合计算机处理。通过计算机可迅速而准确地进行数据更新、数据交换以及各种统计等。

（2）ISSN 在图书馆广泛用于识别题名、连续出版物订购、记到和查补缺期。

（3）ISSN 为出版商和发行商提供了一种有效而经济的方式，使出版物贸易更加便捷高效。

（4）ISSN 能帮助学者、科研人员、摘要汇编人员和图书馆员准确地检索到所需连续性资源。

（5）ISSN 可以简化馆际合作、编制联合目录以及连续性资源目录等。

（6）在索引或文献引证连续性资源题名时，可以用 ISSN 代替，既解决资源的鉴别问题，又减少了索引文档的数据量。

（7）ISSN 在商业广告、邮件处理以及版权登记等方面也可利用。

（8）由于在国际中心建立了登录世界各国和地区出版的连续性资源的数据库，通过这个数据库可以检索有关连续性资源的各种信息。

（9）通过国际中心的数据库及其有关出版物，可以更快更好地将本国出版的连续性资源向全世界传播。

第二节　ISDS

在“国际连续出版物数据系统可行性与初步设计”报告获得通过，并责成联合国教科文组织试办后，法国政府表示愿意在联合国教科文组织的协助下，帮助成立一个国际连续出版物数据系统的国际中心（International Serial Data System, International Centre，简称 ISDS/IC）。1972 年 7 月，联合国教科文组织和法国政府签署了一个临时决定，决定由法国政府提供建立与支持国际中心的资金。1972 年 11 月 6 日联合国教科文组织宣布国际中心成立，并致函会员国要求成立国家中心，负责本国出版的连续出版物的登记和分配 ISSN 的工作。国际中心则负责向国家中心和地区中心分配 ISSN 号段，并进行汇总工作。因为法国议会迟至 1975 年 12 月才批准这个协议，所以正式成立日期是 1976 年 1 月。

ISDS 是政府国际间组织，是由一个国际中心和许多国家中心或地区中心组成的双重机构。国际中心设在法国巴黎，是该系统的常设行政执行机构，按照 ISDS 的章程，负责一切行政工作和组织领导工作，国际中心建立有用电子计算机处理连续出版物数据的文档（数据库），用最准确的方法，以机读形式记录各国连续出版物的有关信息，并以此为全世界学术界、图书馆界、情报部门和出版发行部门服务。国际中心还出版有多种形式的出版物，如 *ISDS Bulletin*、*ISDS Register* 等。

国际连续出版物数据系统（ISDS）是 ISSN 网络的前身，ISDS 是在联合国教科文组织（UNESCO）联合国国际科学技术情报系统（UNISIST）项目框架下建立的一个政府间组织，ISDS 中心使用数据库技术系统地收集、记录世界各国连续出版物的数据元素，制订了统一的编目规则，并负责向各成员国中心分配国际标准连续出版物号号段。它是负责 ISSN 分配的指定权威机构。

1993 年,ISDS 演变为 ISSN 网络(ISSN Network)。ISSN 国际中心、ISSN 国家中心和地区中心共同构成 ISSN 网络(ISSN Network)。ISSN 国家中心和地区中心在 ISSN 国际中心协调下工作。

第三节　ISSN 国际中心

国际标准 ISO 3297(第四版)规定,ISSN 的权威注册机构是 ISSN 国际中心。

一、ISSN 国际中心主要职责

国际标准 ISO 3297(第四版)规定 ISSN 国际中心履行以下业务职责:

- 与主管 ISSN 国家中心及地区中心的机构共同制订中心创建与运作的协议,并在必要之时撤销这些协议;
- 向国家和地区的 ISSN 中心分配 ISSN 号段;
- 及时维护中央注册库,用来管理所有 ISSN 分配,并将此库提供各中心使用;
- 根据需要,为国际组织出版的或在没有 ISSN 国家中心和地区中心的国家中出版的连续出版物及其他连续性资源分配及注册 ISSN;
- 与各国 ISSN 国家中心及地区中心密切合作,为 ISSN 网络创建并维护通用规则、标准、政策和程序;
- 根据需要指定连接 ISSN(ISSN-L),并保证可用性;
- 依照本国际标准规定,协调、监督和促进 ISSN 系统的政策宣传和运营;
- 复查和裁决对 ISSN 国家中心及地区中心所作决定的申诉,例如以下事务:拒绝 ISSN 申请;对出版物是否适合分配 ISSN 的争议;
- 根据要求协助 ISSN 国家和地区中心,提供培训及其他技术支持；

- 为 ISSN 国家中心和地区中心以及 ISSN 系统的用户创建、维护有关文件并提供使用；
- 为 ISSN 国家中心和地区中心以及 ISSN 系统的用户制作并保管宣传资料，开发和维护交流工具，并提供使用；
- 确保在 ISSN 网络和相关领域的其他机构之间进行密切协调及合作，在与相关机构的关系中，代表 ISSN 网络的利益。

二、ISSN 国际中心受理 ISSN 申请的范围

ISSN 国际中心受理 ISSN 申请的范围包括：

- 出版物所在国未设立 ISSN 国家中心；
- 出版物由《国际组织年鉴》A 至 F 部分（联合国教科文组织、经济合作与发展组织等）中列出的国际组织出版；
- 出版单位为每年变换地址的会议组织。

需要说明的是，申请方填写申请表时，需要在出版国选项内选择“国际”一栏。

三、ISSN 国际中心注册数据库（ISSN Register）

ISSN Register 是 ISSN 网络的官方注册数据库。

获得 ISSN 的连续性资源的书目数据都输入 ISSN 国际中心注册数据库（ISSN Register）。其前身名为国际连续出版物数据系统库（ISDS Register）。这是世界范围内最全面、最权威的连续性资源识别系统。ISSN 国际中心数据库里的每条 ISSN 书目数据都包含唯一的识别题名和其他题名信息、出版信息（出版频率、语种、出版地、出版机构等）、语种，以及与其他连续性资源的连接款目。ISSN 国际中心数据库每年新增数据 40 000 至 60 000 条，更新数据 80 000 余条。ISSN 国际中心数据库数据由位于巴黎的 ISSN 国际中心发布，可以通过 IP 授权和用户名密码授权的方式实现在线访问，也可以通过 ISSN Portal 进

行订购。

ISSN 国际中心注册数据库完整地收录了 ISSN 网络所有 ISSN 注册的书目数据，通过多角度的分类统计，从中可全面获知全世界各个国家 ISSN 注册的基本情况。本节如下 5 个表格中统计数据均来自 ISSN 国际中心网站。

表 1－2 ISSN 注册数据库历年书目数据总量 （单位：条）

年份	2001	2002	2003	2004	2005	2006
记录总量	1 037 156	1 072 023	1 125 507	1 158 177	1 227 057	1 284 413
新记录数量	48 187	34 867	53 484	32 670	68 880	57 356

年份	2007	2008	2009	2010	2011
记录总量	1 345 719	1 413 942	1 489 773	1 555 307	1 623 566
新记录数量	61 306	68 223	75 831	65 534	68 259

表 1－3 不同语种的书目数据数量(500 条以上) （单位：条）

语种＼年份	2003	2004	2005	2006	2007	2008	2009	2010	2011
英语	417 108	423 995	448 157	465 110	480 554	499 958	517 261	536 676	558 537
法语	239 623	246 375	255 692	264 189	279 230	290 822	319 215	328 728	337 196
多种语言	86 573	89 972	92 994	97 656	100 989	104 698	108 143	112 093	115 790
西班牙语	41 859	43 850	48 222	51 112	54 939	62 904	65 061	71 455	78 428
德语	55 039	56 381	57 997	59 952	61 928	63 925	66 188	68 334	71 214
荷兰语	33 814	34 950	37 239	39 025	40 404	41 932	43 353	44 624	45 979
意大利语	24 255	24 565	27 848	30 431	32 803	34 473	36 186	37 713	39 320
葡萄牙语	13 294	13 310	21 324	21 361	26 752	28 773	31 447	34 314	36 736

续表

年份 语种	2003	2004	2005	2006	2007	2008	2009	2010	2011
波兰语	20 664	22 857	24 339	25 711	26 610	27 507	29 303	30 396	31 968
匈牙利语	20 218	20 963	22 127	23 029	23 873	24 851	25 688	26 485	27 278
日语	22 354	22 867	23 425	23 889	24 624	25 252	25 873	26 601	27 204
俄语	15 174	15 783	16 653	17 767	18 856	20 611	22 193	23 403	24 686
丹麦语	18 916	18 917	18 930	18 935	19 038	23 037	23 517	23 959	24 533
瑞典语	16 827	16 847	18 238	18 807	19 946	20 429	20 855	21 253	21 741
中文	13 455	14 437	15 624	16 902	17 482	18 403	19 222	20 034	20 879
芬兰语	15 486	15 755	16 097	16 465	16 765	17 263	17 676	18 388	19 608
印度尼西亚语	5612	6173	6178	9681	10 902	11 700	13 078	14 494	16 174
罗马尼亚语	7592	8011	8722	9343	10 208	10 925	11 962	13 006	14 409
挪威语	10 207	10 505	10 897	11 309	11 756	12 155	12 546	12 970	13 814
韩语	2705	3786	4223	5838	6806	7819	8990	9699	10 442
捷克语	4929	5287	5778	6509	7087	7695	8319	8522	9119
克罗地亚语	6911	5442	6021	6427	6449	6947	7308	7693	7946
希腊语	4215	4320	4331	4339	4371	4418	4474	7005	7261
塞尔维亚语	1068	3227	3864	3922	4006	5150	5500	6361	6767
泰语	3516	3960	4198	4406	4562	5054	5894	6349	6581
斯洛文尼亚语	2857	2947	3246	3521	3861	4219	4506	5399	6056

续表

年份 语种	2003	2004	2005	2006	2007	2008	2009	2010	2011
阿拉伯语	2474	2631	3044	3176	3266	3346	3587	3675	3780
保加利亚语	1206	1208	1216	1445	1534	1574	1770	2583	3734
斯洛伐克语	1315	1507	1678	1858	2133	2726	2951	3270	3529
土耳其语	971	976	990	3177	3183	3193	3201	3220	3240
立陶宛语	1194	1545	1742	2029	2270	2400	2662	2832	2996
波斯语	686	731	795	853	1227	1233	1903	2232	2588
加泰罗尼亚语	1248	1340	1479	1555	1686	1768	1887	2077	2304
希伯来语	2115	2135	2186	2187	2188	2188	2188	2195	2212
马来语	1398	1398	1398	1398	1398	1603	1828	2009	2170
爱沙尼亚语	585	640	728	838	1025	1137	1313	1492	1579
冰岛语	920	971	1068	1115	1152	1169	1198	1232	1460
乌克兰语	657	680	727	785	837	974	1108	1188	1295
各种混杂的语言				1150	1294	1299	1332	1285	1213

续表

年份/语种	2003	2004	2005	2006	2007	2008	2009	2010	2011
拉脱维亚语		566	674	678	692	781	830	836	1166
波斯尼亚语								977	1139
锡兰语									675
马其顿语				528	556	560	564	655	669
越南语								629	669

表 1-4 不同出版频率书目数据数量 （单位:条）

年份/出版频率	2003	2004	2005	2006	2007	2008	2009	2010	2011
年刊	212 091	218 060	230 940	240 182	251 690	265 144	277 267	290 313	303 287
双月刊	80 816	83 268	89 617	94 736	99 247	104 588	108 473	113 157	118 172
无规律	144 323	148 278	155 740	162 007	169 665	176 489	181 916	188 645	196 352
每周二期	1828	1907	2065	2179	2433	2648	3081	3324	3523
日刊	8963	9298	10 132	10 687	11 427	12 156	12 998	13 744	14 373
双周刊	11 024	11 083	12 254	12 834	13 316	13 815	14 204	14 699	15 143
半年刊	51 445	53 893	59 447	65 119	70 521	77 786	84 483	91 699	100 522
两年刊	10 996	11 083	12 163	12 616	13 178	13 909	14 735	15 758	16 595
三年刊	1970	2034	2249	2356	2504	2642	2765	2974	3171
每周三期	6732	6708	6842	6841	6953	7032	7219	7332	7386

续表

年份 出版频率	2003	2004	2005	2006	2007	2008	2009	2010	2011
旬刊	367	382	408	428	483	536	601	667	753
持续更新		1	89	228	484	1418	1849	2223	2660
月刊	172 321	177 553	190 419	200 419	209 693	219 599	227 693	237 023	246 923
季刊	155 327	160 147	170 698	179 795	188 082	198 725	207 285	216 870	228 313
半月刊	11 989	12 289	13 080	13 687	14 571	15 392	16 248	17 102	17 877
每年三期	21 244	22 156	23 830	25 807	27 407	29 400	30 939	32 731	34 670
未知	157 038	159 715	165 186	169 053	173 936	177 469	199 479	201 252	205 955
周刊	43 671	44 963	47 693	49 755	52 852	56 063	60 641	63 719	66 348
其他频率	33 442	34 342	33 280	34 492	35 518	37 063	37 898	39 150	40 829

表1-5　各国家中心书目数据数量　（单位:条）

年份 国家中心	2003	2004	2005	2006	2007	2008	2009	2010	2011
阿尔及利亚	1048	1197	1197	1196	1285	1286	1350	1447	1464
阿根廷	7722	7954	10 040	11 006	11 619	12 047	12 419	12 984	13 828
亚美尼亚		201	201	201	201	201	201	203	503
澳大利亚	42 054	42 894	43 529	44 215	45 276	45 938	46 926	47 809	48 775

续表

国家中心 \ 年份	2003	2004	2005	2006	2007	2008	2009	2010	2011
巴林						28	22	22	28
比利时	18 805	20 555	22 213	23 756	25 286	26 742	27 888	28 896	29 859
贝宁	36	36	36	47	47	47	47	47	47
波斯尼亚	790	866	960	1021	1155	1308	1425	1958	2321
巴西	10 001	10 000	18 572	18 573	23 187	24 982	27 553	30 305	32 611
保加利亚	1563	1569	1577	1857	1939	1976	2214	3308	4738
布基纳法索	141	158	158	158	158	158	158	158	158
加拿大	114 985	117 938	121 142	124 224	126 626	129 232	131 588	133 696	135 975
智利	1758	1813	2065	2244	2286	2478	2659	2713	2780
中国	9662	10 225	10 940	11 789	12 005	12 373	12 903	13 282	13 906
哥伦比亚	1742	1743	1743	1798	2663	8451	8556	10 672	13 295
哥斯达黎加	146	146	146	146	146	146	146	893	1116
克罗地亚	5273	5646	6343	7036	7056	7601	8005	8404	8640
塞浦路斯	422	422	422	421	421	460	529	539	541
捷克共和国	6996	7426	7965	8739	9457	10 200	10 721	11 184	11 942
丹麦	22 263	22 266	22 256	22 247	22 329	27 046	27 827	28 367	28 856

续表

年份 国家中心	2003	2004	2005	2006	2007	2008	2009	2010	2011
多米尼加共和国								198	228
厄瓜多尔	159	159	159	159	159	159	169	750	820
埃及	1048	1048	1398	1543	1654	1795	2043	2291	2487
爱沙尼亚	1178	1267	1424	1561	1747	1866	2047	2272	2386
芬兰	23 330	23 802	24 410	25 099	25 616	26 547	27 070	27 811	28 563
法国	193 570	201 417	208 997	215 614	229 551	239 833	262 070	270 898	283 369
法国海外	196 760	203 355	212 468	219 249	233 358	243 784	266 135	275 068	287 642
冈比亚	101	101	101	101	101	101	101	101	101
格鲁吉亚	343	343	365	366	405	405	541	541	728
德国	56 852	58 179	59 994	61 762	63 460	65 574	68 201	70 439	72 847
加纳	290	307	315	315	315	341	341	484	502
希腊	4616	4748	4748	4748	4754	4761	4764	7883	8096
匈牙利	24 025	24 871	26 162	27 189	28 118	29 177	30 075	30 922	31 794
冰岛	964	1061	1186	1266	1323	1358	1392	1439	1672
印度	4719	4795	4905	5122	5145	6400	7425	9119	11 425
印度尼西亚	6576	7259	7259	11 444	12 753	13 597	14 988	16 418	18 147

续表

年份 国家中心	2003	2004	2005	2006	2007	2008	2009	2010	2011
伊朗	878	967	1082	1163	1566	1569	2349	2769	3307
爱尔兰	3879	3990	4131	4216	4336	4449	4519	4571	4624
意大利	26 346	26 676	30 276	33 113	35 824	37 735	39 612	41 437	43 213
牙买加	99	99	99	99	99	99	99	99	99
日本	31 884	32 797	33 595	34 261	35 257	36 215	37 006	38 015	39 011
韩国	5357	6742	7395	9521	10 624	11 866	13 300	14 296	15 455
吉尔吉斯斯坦	129	129	129	129	129	111	111	111	292
拉脱维亚	1084	1222	1382	1382	1382	1491	1557	1557	2035
立陶宛	1642	2000	2220	2530	2773	2891	3166	3342	3510
马其顿	534	537	761	775	815	820	821	967	980
马来西亚	3326	3326	3326	3326	3326	3773	4276	4658	5018
马里					26	26	25	25	27
毛里求斯	80	81	95	120	134	142	152	167	169
墨西哥	3431	3431	3431	3431	3431	3431	3442	3473	3974
摩尔多瓦			170	170	171	173	273	520	579
黑山共和国						365	410	504	572
摩洛哥	1117	1117	1117	1117	1117	1117	1119	1119	1249

续表

年份 国家中心	2003	2004	2005	2006	2007	2008	2009	2010	2011
纳米比亚							158	158	158
尼泊尔							240	240	239
荷兰	32 015	32 433	34 207	37 288	38 289	40 414	43 882	45 688	48 135
新西兰	10 475	11 055	11 133	11 667	12 170	13 574	14 221	14 656	15 312
尼日尔				18	18	18	18	25	25
尼日利亚	4779	5069	5269	5269	5280	6043	6995	6998	8551
挪威	14 369	14 816	15 394	16 026	16 644	17 231	17 765	18 309	19 339
菲律宾	2452	2744	2795	2794	3110	3683	4232	5212	6860
波兰	24 007	26 498	28 291	29 983	30 954	31 919	33 829	34 995	36 851
葡萄牙	3924	3924	3924	3924	4893	5287	5603	5965	6382
罗马尼亚	9426	9925	10 772	11 526	12 584	13 419	14 672	15 789	17 533
沙特阿拉伯	691	691	691	691	692	692	830	830	831
塞内加尔	91	91	91	118	119	127	128	128	127
塞尔维亚						5494	5860	6682	7021
塞尔维亚黑山	3378	3849	4527	4560	4585				
塞舌尔	9	9	9	9	9	9	9	9	9

续表

年份 国家中心	2003	2004	2005	2006	2007	2008	2009	2010	2011
新加坡	2769	2934	2934	2935	2932	2931	2923	4010	4022
斯洛伐克	1908	2131	2326	2556	2883	3559	3813	4167	4496
斯洛文尼亚	3328	3432	3753	4030	4364	4715	5017	5963	6649
西班牙	22 576	24 382	26 303	27 851	30 338	31 826	33 093	35 552	38 581
斯里兰卡	917	1083	1148	1189	1189	1189	1187	1248	1645
苏丹				86	86	87	115	115	115
瑞典	19 757	19 755	21 157	21 762	23 054	23 509	23 856	24 175	24 599
瑞士	10 025	10 576	10 682	11 223	11 701	12 145	12 738	13 479	14 420
坦桑尼亚	686	711	734	759	786	786	846	846	893
泰国	4240	4748	5024	5262	5462	6077	7100	7718	8046
突尼斯	975	1236	1442	1526	1528	1570	1566	1566	1571
土耳其	1534	1534	1534	4337	4337	4338	4337	4337	4341
英国	70 483	71 567	76 344	80 564	84 647	87 565	88 448	91 218	96 604
美国	168 662	168 667	181 875	187 074	191 999	197 762	203 463	209 406	214 593
乌拉圭	2019	2091	2225	2315	2419	2418	2640	2817	2926
乌兹别克斯坦						255	255	255	256
委内瑞拉	1704	1704	1704	1704	1703	1703	1703	1704	1706
越南			263	412	479	510	612	640	720

表 1－6 不同出版状态书目数据数量 （单位:条）

出版状态＼年份	2003	2004	2005	2006	2007	2008	2009	2010	2011
现仍出版	704 840	722 364	755 664	794 906	829 905	868 649	902 901	943 429	982 959
停止出版	405 208	419 758	450 581	467 455	491 473	519 789	550 843	575 338	602 949
出版状态不详	15 459	16 055	20 812	22 052	24 341	25 504	36 029	36 540	37 658

第四节 ISSN 国家中心

截至 2012 年年底，ISSN 网络共有 88 个国家中心和地区中心。国家中心和地区中心与国际中心共同遵循国际中心章程、国家中心与 ISSN 国际中心的协定，理事会和 ISSN 大会决议，就国家中心主任工作会议讨论的技术问题及协调事宜等开展合作。

国际标准 ISO 3297（第四版）规定了 ISSN 国家中心和地区中心履行以下职责：

- 承担为中心所对应国家的连续出版物及其他连续性资源分配 ISSN，完成与之相关的注册工作的专项职责；
- 根据出版社及其他用户的请求，及时提供 ISSN 服务；
- 为辖区内每宗 ISSN 分配建立并维护元数据国家注册库；
- 依照 ISSN 国际中心规定，及时准确地把每一条分配了 ISSN 的元数据输入到 ISSN 网络中央注册库；
- 就连续出版物和其他连续性资源的注册事宜，与 ISSN 国际中心、其他 ISSN 国家中心及地区中心合作；

• 就指定连接 ISSN（ISSN-L）的事宜，与 ISSN 国际中心、其他 ISSN 国家中心及地区中心合作；

• 遵守 ISSN 国际中心依据国际标准制定的政策和程序；

• 依照本国际标准规定，遵守 ISSN 网络的运营政策，履行中心职能；

• 与出版社及其他用户就 ISSN 的所有相关事务进行交流；

• 推广 ISSN 系统和 ISSN 的使用；

• 积极参加 ISSN 网络的活动，共同发展 ISSN 系统及其程序、格式和标准。

每个国家中心全权负责本国连续出版物 ISSN 的分配。决定出版国是哪个国家要根据以下情况：第一个出现的，或印刷上最显著的，或出版说明中指定的。

未建立 ISSN 国家中心的国家连续出版物由国际中心负责分配 ISSN，国际组织出版的连续出版物也由国际中心负责分配 ISSN。

第二章　ISSN 中国国家中心

第一节　ISSN 中国国家中心职责

ISSN 中国国家中心负责获得我国新闻出版总署批准出版的国内外公开发行的连续性资源 ISSN 的分配与管理、有关 ISSN 的各种咨询、中国连续性资源书目数据创建与上传 ISSN 国际中心等项工作，截至现在已经注册 1.5 万余个 ISSN。作为 ISSN 国际中心的成员之一，ISSN 中国国家中心始终不懈地履行着联络、推广与管理连续性资源唯一标识的职责。

ISSN 中国国家中心日常具体工作主要是分配 ISSN 和为已分配 ISSN 的连续性资源建立并保存注册档案，依据国际中心《ISSN 手册》的相关规则，为连续性资源建立并更新本地书目数据(CNMARC)和罗马化数据(ISSN MARC)，并定期向 ISSN 国际中心提交罗马化数据。

ISSN 用于生成出版物条码，ISSN 中国国家中心不提供条码校验码的计算及条码制作。条码制作需联系新闻出版署条码中心，执行《国家新闻出版总署出版物条码管理办法》的相关规定。

第二节　ISSN 中国国家中心成立

ISSN 中国国家中心创建时称作 ISDS 中国国家中心(国际连续出版物数据系统中国国家中心)，据 1985 年 11 月 18 日原国家出版局(85)出字第 571 号文件记载："决定建立 ISDS 中心，中心设在北京图书馆内,业务上接受国家出版局指导。”1986 年 4 月,在巴黎召开的 ISDS 第六届全体大会上,联合国教科文组织的代表正式向大会宣布接受中华人民共和国参加 ISDS。

大量调查研究工作是 ISDS 中心创建并正常运转的基础。根据全国文献标准化技术委员会 1984 年 4 月与 1985 年 10 月会议精神,在原中国国家出版局、标准局、图书馆局和北京图书馆(今国家图书馆)的具体领导下,曾对中国参加 ISDS 的必要性与可行性,参加 ISDS 的条件、程序和有关技术问题,以及中国期刊出版、发行等情况都作了较详细地调查研究。

原国家出版局 1986 年 10 月 27 日下发《国际连续出版物数据系统中国国家中心开始分配 ISSN 的通知》,内容主要是:1985 年 10 月经国务院批准,我国宣布加入国际连续出版物数据系统(International Serial Data System,简称 ISDS),并决定建立 ISDS 中国国家中心(ISDS CHINA)。

ISDS 中心成立初期工作进展情况:《国际连续出版物数据系统中国国家中心开始分配 ISSN 的通知》发出后,各有关单位纷纷向设在北京图书馆内的 ISDS 中国国家中心申请 ISSN,到 1987 年 3 月达到 500 余家,该中心已分配 ISSN 并传送数据至国际连续出版物数据系统的刊物近 300 种。

ISSN 的分配工作在我国刚刚开始时,也陆续在实践中出现了一些问题。为了做好这项工作,新闻出版署于 1987 年 3 月 5 日发出通知,就有关问题做如下补充规定:

申请参加 ISDS 与分配 ISSN 的刊物,必须具备以下条件:

- 业经各省、自治区、直辖市出版管理部门注册登记的,持有期刊登记号并具备出版管理部门所发的期刊登记证者;
- 公开发行的刊物。限国内发行、内部发行或限地区发行的刊物不予分配 ISSN。

申请参加 ISDS 和分配 ISSN 的刊物范围:

- 必须是现在刊行的刊物，暂不追溯已停刊的刊物；
- 报纸、年鉴、指南、手册暂不分配 ISSN；
- 少数民族文字刊物，由于文字的转写尚未解决，因此，暂不分配 ISSN；
- 在我国参加 ISDS 以前，由国际中心或有关单位分配给我国刊物的 ISSN，均予承认。

讲到 ISDS 中心的创办，自然提到李镇铭先生，1985 年他出任 ISDS 中心工作组组长，负责该项目在中国的筹建工作，同年中国国家中心正式成立，他被任命为该中心第一任主任，全面负责该中心的组织领导工作，他带领全体工作人员仅用一年的时间，就使国家中心初具规模，开始运转。期间，还组织并编写《国际连续出版物数据系统中国国家中心与国家连续出版物文档工作手册》，完成了 ISSN 中国国家中心工作系统程序的分析设计、调试，并正常运行，生产磁带。

虽然万事开头难，人员配备、经费、设备等都是从零起步，但重视自动化技术干部的配备及人员培训工作，在规范上参照国际标准，解决了各种著录与机读数据技术问题，从领导到工作人员都付出了辛勤的汗水与努力，克服了一个又一个困难，中心业务迅速得到发展。1986 年 4 月，在巴黎召开的 ISDS 第六届全体大会上，正式宣布我国为成员国，同时我国当选为理事国，确立了 ISSN 中国国家中心在 ISSN 国际中心的地位。

从 ISSN 中国国家中心成立到各项工作成绩的取得，凝聚着所有从事 ISSN 工作的领导和同仁的辛勤汗水。21 世纪的今天，ISSN 已在全世界广泛应用，成为对连续性资源进行检索的必要手段。ISSN 在我国的使用，有利于信息技术在连续性资源管理中的应用，并在很大程度上促进了我国连续性资源的对外交流。

第三节　国际中心全体大会和国家中心主任工作会议

一、ISSN 国际中心全体大会

ISSN 国际中心全体大会(General Assembly)参加人数多,会议内容相对全面、宏观。通常涉及国际标准和《ISSN 手册》的修订、ISSN 系统的管理工作、ISSN 分配规则、会费与数据产品销售情况、培训工作、选举管理委员会、今后发展规划等方面内容。

二、ISSN 国家中心主任工作会议

国家中心主任工作会议已经在多个国家召开过。会议日程通常包括:议程的通过、会前会、ISSN 国际中心报告、ISSN 各国家中心报告以及具体业务介绍及研讨等。会议根据工作中出现的新情况新问题,及未来发展规划等展开,会议内容具体翔实。

下面是 2008 年 10 月 8—10 日在突尼斯国家图书馆举办的第 33 届 ISSN 国家中心主任工作会议的主要内容:

- 主席和大会起草人选举;
- 议程的通过;
- 会前会;
- ISSN 网络部分:ISSN 国际中心报告、ISSN 各国家中心报告;
- ISSN 奖;
- ISSN-L 的执行;
- ISSN 注册:覆盖面及更新情况(半自动化条件下的数据创建、重复的 ISSN、缺少的 ISSN 记录、可以以 ISSN 来整合的电子资源的标准的选取);

- 服务标准；
- 《ISSN 手册》的修订；
- 新的 ISSN 网站；
- 虚拟用户与 OSIRIS 软件用户小组报告；
- 基于 URN 决议的 ISSN 服务；
- 其他事项；
- 下次会议的时间和地点。

三、ISSN 管理委员会

ISSN 管理委员会也称理事会（Governing Board），每届任期两年，由一位主办国代表、一位联合国教科文组织（UNESCO）代表和十位国家中心代表组成，由会员大会选举产生，获得票数多者当选。ISSN 管理委员会在 ISSN 组织内具有重要职责，负责指导和监督国际中心和国家中心在会员国大会制定的原则下开展工作，负责通过年度预算和临时预算，负责为 ISSN 机构成员提供专家咨询、业务指导等。

ISSN 管理委员会的主要内容通常是讨论工作报告、分析销售收入、通过财务报告、讨论增加新的收入模式以减少会员的费用、讨论预算及工作计划等。

四、ISSN 中国国家中心参加的一些会议

2006 年 4 月 24—26 日的第 16 届 ISSN 会员大会在位于法国巴黎的联合国教科文组织（UNESCO）总部举行，此次大会共有来自 32 个国家和国际组织的 46 位代表和观察员出席，我国 ISSN 国家中心主任王志庚参加了此次大会。

这次大会是在知识经济方兴未艾的国际背景下，ISSN 组织为了迎接数字出版和网络出版的挑战，探讨连续性资源唯一标识和连接问题的一次非常重要的会议。大会听取并通过了《2004—2005 年理事会

工作报告》、《2004—2005 年 ISSN 国际中心工作报告》和《ISSN 新系统项目组工作报告》，大会还讨论《2006—2012 年 ISSN 战略发展规划》《ISSN 国际标准（ISO 3297）修订》等若干重大问题，通过了《2007—2008 年各成员国年度会费分配方案》，最后，大会选举产生了新一届国际理事会，我国 ISSN 国家中心成功当选新一届理事会理事。

2008 年 4 月 23—25 日的 ISSN 国际中心第 17 次全体大会及 ISSN 国际中心第 52/53 次管理委员会（理事会）会议在巴黎召开，ISSN 中国国家中心主任顾犇参加了会议。

第 17 届全体会议介绍了已出版的 ISSN 标准（ISO 3297），讨论了连接 ISSN（ISSN－L）的启用。会议还通报了 ISSN 记录尤其是电子资源不断增加，ISSN 记录的销售不断增长等情况。会议认为，该组织目前已有 84 个国家中心，要根据 2006—2012 年中心战略计划稳步发展。会议还提出了培训工作、环境观察、服务标准和设立 ISSN 奖四项新工作。

大会选举产生了新一届国际理事会，增补越南和突尼斯为理事会成员，我国 ISSN 国家中心再次当选新一届理事会理事。理事会新任主席是德国国家图书馆的代表，副主席是芬兰国家图书馆的代表。理事会建议对章程进行修改，以解决有些国家不能进入理事会的问题。第 17 届全体会议还确定 2009 年 9 月 14—18 日 ISSN 国家中心主任会议将在北京召开。

五、筹备与组织北京 ISSN 国家中心主任工作会议

ISSN 国家中心主任会议是工作会议和技术性会议，每年一届，旨在加强各 ISSN 国家中心与国际中心之间的交流，讨论 ISSN 分配和管理的相关事宜，传播最新动态，协调 ISSN 国家中心的工作。自 1974 年以来，ISSN 国家中心主任会议曾由美国、法国、瑞士、英国、突尼斯和葡萄牙等国 ISSN 国家中心举办。

2009 年 9 月 9 日，中国国家图书馆迎来百年华诞之际，9 月 14—

18 日由 ISSN 中国国家中心筹办的“第 34 届 ISSN 国家中心主任会议”在中国国家图书馆召开。来自美国、英国、法国等 30 多个国家的 40 余位 ISSN 国家中心主任及专家参会，就 ISSN 分配与管理以及 ISSN-L 的应用等问题展开深入讨论，并就数字化时代连续性电子资源的保存与管理最新趋势交流了看法和经验。国家图书馆副馆长陈力同志出席了开幕式并致辞，这是 ISSN 国家中心主任会议首次在中国举办。近年来，随着数字技术迅猛发展，连续性电子资源等新资源种类的不断涌现给各国 ISSN 分配与管理提出了新的要求。此次会议的召开有利于促进 ISSN 中国国家中心与其他中心的交流与合作，有利于更好地关注 ISSN 最新动态，从而推动 ISSN 在中国的分配和管理工作。

为确保会议成功举办，树立中国国家图书馆和 ISSN 中国国家中心的形象，彰显工作人员的业务水平与职业精神，该中心投入了大量时间和精力筹备此会。

从 3 月份筹备到 9 月份开会，用了半年多的时间。首先建立了非常详细的时间表。从 3 月份起建立专用邮箱和专用英文网页，收集代表信息、拟定上报材料，到确定会议日程、准备会议资料、培训测试、安装培训用机、设备调试、住宿、用餐及文化参观等。与国际中心的联络、与各国家中心和观察员的多次联络产生了大量邮件。然而有些特殊的情况，如地域问题、政策问题等，确实需要花很多的精力和时间去处理。具体筹备工作有如下几个方面：

（1）上报材料的准备。上报材料内容多、时间紧，有些信息来源于小语种语言，所以收集整理的过程是很费时费力的。最终形成的用于上报的审批材料，即参会代表个人信息（含简历）共 98 份，共计 2.7 万字。

（2）临时英文网页的建立。为方便各国家中心代表，ISSN 中国国家中心专门建立了英文版网页，虽然没有在形式上过多的进行设计，但文字内容信息全面，较好地满足了代表使用的需求。网页主要栏

目有:

About the Meeting

Passports and Visas

Registration

Program

Travel, Accommodation and Local Information

- Travel
- Hotel Overview
- Local Information

Conference Venue

- National Library of China(NLC)
- Getting to NLC

Half Day Tour

What's New

Frequently Asked Questions

Contact Us

(3)邀请函的拟定。经与国际中心商定拟写了邀请函,通过航空信和电子邮件寄发98份。下面是寄给国际中心的邀请函。

Dear Ms. Françoise Pelle,

With great pleasure I would like to invite you to participate in the 34th Meeting of the Directors of ISSN National Centres to be held in Beijing, China on 14—18 September 2009 (Your duration of stay in China should be at least 7 days from 13 to 19 September 2009 if time for transport is counted).

The programme includes the ISSN/Virtua training session, the Directors' meeting, the Working Group's meeting on the definition of criteria for the assignment of ISSN to ongoing integrating resources (CAITOIR WG), and the Virtua users' group meeting. All meetings will be held at the National Library of China (NLC). ISSN China Centre of the NLC is responsible for organising the training session and meetings. For more information, please visit the web pages for the meeting: http://www.nlc.gov.cn/yjfw/issn/about.html.

I am sure that you will understand that our limited resources do not permit us to make a contribution to the cost of your attendance. You have to be responsible for your own travel, accommodation and incidental expenses. Furthermore, I take this opportunity to remind you that it is important to ensure you have appropriate insurance coverage. A valid passport and visa are required to enter and exit China. Please contact Chinese consulates or embassies as soon as possible to apply for a visa.

National Library of China is honoured to host the Meeting of Directors of ISSN National Centres in Beijing, capital of China. I hope you will be able to attend the training session and all the meetings. Your participation will certainly contribute to the success of this world event. My colleagues and I will spare no efforts to make your participation a valuable and pleasant one.

I am looking forward to meeting you in Beijing!

Yours sincerely,

Zhan Furi

Director

National library of China

(4)参会代表的确定。经对所有报名信息的汇总,最终确认 40 名代表参加主任工作会,17 名代表参加系统培训。代表主要有来自 ISSN 国际中心的国际中心主任 Françoise Pelle、国际中心项目经理、电脑专员 Pierre Emile Godefroy、国际中心书目部主管 Alain Roucolle,瑞典国家图书馆 ISSN 中心的协调员 Jamshid Farahani,丹麦皇家图书馆 ISSN 中心主任 Michael Lukas Petersen,斯洛伐克共和国布拉迪斯拉发(Bratislava)大学图书馆副馆长 Alojz ANDROVIČ,德国国家图书馆 ISSN 中心馆员 Edith Röschlau,美国国会图书馆 ISSN 中心协调员 Regina Reynolds，芬兰国家图书馆 ISSN 中心主任 Marja-LiisaSeppälä，摩洛哥国家图书馆 ISSN 中心主任 Rajae Rouijel，波兰国家图书馆 ISSN 中心主任 Hanna Katarzyna Zawado，大英图书馆 ISSN 中心主任 Louise Howlett，大英图书馆东语及斯拉夫语部门经理 Hiroko Brittain，塞内加尔国家档案馆馆长 Babacar Ndiaye，塞内加尔国家档案馆 ISSN 中心负责人 Nouha Basse，韩国国立中央图书馆 ISSN 中心期刊政策信息部门助理主任 Choun Il Kim，韩国国立中央图书馆 ISSN 中心馆员 Young Ah Yoon，印度尼西亚 ISSN 中心科学文献部门主管 Apallidya Sitepu，捷克国家技术图书馆 ISSN 中心副主任 Jan Bayer 等。

其次，此次国家中心主任会议期间总结了 ISSN 国际中心和各国家中心提交的年度报告，开展了 Virtua 用户组会议和 CAITOIR 工作组会议，后者旨在讨论可分配 ISSN 的集成性电子资源的选取标准。会议还介绍 ISSN 奖和连接 ISSN（ISSN-L）的实施情况，讨论资源著录与获取对 ISSN 数据的潜在影响等。

最后，为期五天的工作会议和 Virtua 客户端编目培训圆满结束，并获得与会代表一致好评，国际中心还专门致信对此次会议给予高度评价。

第四节　缴纳国际组织会费和提交年度工作报告

一、缴纳国际组织会费

ISSN 网络经费中的 30% 来自书目数据产品的销售，其余部分来自会费和基金等。

各国家中心需按年度向国际中心缴纳国际组织会费，会费是根据联合国教科文组织（UNESCO）的国民生产总值（GNP）统计来计算其占总额的比例，而中国的国民生产总值在不断增长，所以中国国家中心属于为数不多的几个年费增长的中心之一。

下面是近年来 ISSN 中国国家中心所缴会费情况。

表 2－1　ISSN 中国国家中心近年所缴会费情况

年度	2001	2002	2003	2004	2005	2006	2007
人民币(元)	41 837	41 407	76 324	102 595	139 810	130 554	138 885

年度	2008	2009	2010	2011	2012	2013
人民币(元)	148 357	139 053	155 391	183 415	164 811	156 787

二、提交年度工作报告

ISSN 中国国家中心与其他国家中心一样每年需向国际中心提交年度报告。起止时间为上年度 7 月 1 日至下个年度的 6 月 30 日。工作内容包括 ISSN 中国国家中心现况、业务范围及各项业务工作数量等。具体包括:中心主任及成员的人员状况、ISSN 分配数量、数据更新数量、新建数据数量及送国际中心数据数量等。

第五节　与其他中心的合作

一、国际中心网站信息发布

国际中心网站主要以英文(有些同时以法文)发布所有工作规范及各类信息。一直没有以中文发布的内容。直到 2008 年,国际中心网站第一次以英文和中文同时发布“ISSN 申请指南”,ISSN 中国国家中心负责完成了“ISSN 申请指南”中文文稿的翻译。可以说,以中文发布大大方便了使用中文的全球用户了解国际中心的有关 ISSN 申请的程序与注意事项。

2012 年 ISSN 中国国家中心又负责完成了 2012 年版“ISSN 申请指南”中文文稿的翻译。2012 年版“ISSN 申请指南”是 2008 年版“ISSN 申请指南”的改进版，两个版本相比，2008 年版内容相对简单，而 2012 版内容更加翔实，形式更加灵活，方便用户，对用户的指导更加有针对性。涉及的主要内容有：

(1)ISSN 申请手续。该指南规定，由于申请方提供材料不全，ISSN 中心有权不予办理：不完整及不准确的申请表将退回寄件人；申请方若有意制造误导信息，尤其是出版地部分，ISSN 中心将有权拒绝；一旦发现所提供的为误导信息，ISSN 中心将有权撤回 ISSN；对于申请方未完成申请手续，在为即将出版的出版物预先申请 ISSN 后，未向 ISSN 国际中心提交所有题名的第一期或复制本，ISSN 中心有权拒绝分配 ISSN。

(2)香港地区出版物预先申请 ISSN。该指南明确和强调了香港地区的出版物在以下情况下可预先分配 ISSN：出版商为学术机构(如高校)或公共机构(如政府部门、行政服务机关)；依照“本地报刊注册条例”(香港法第 268 章)已注册的或将注册的出版物。香港地区出版物 ISSN 申请时出版商必须提供香港特别行政区电影、报刊及物品办事处出具的相关证明文件。

可以看出，2012 版体现了对 ISSN 申请进行了更加严格且规范的管理。特别是申请手续的严格，杜绝了以往以香港地区名义出版而实际在内地出版的刊物(未获得 CN 的非法出版物)，在国际中心申请 ISSN 的现象。这是 ISSN 中国国家中心与国际中心在此方面多次业务沟通的有效成果体现，这方面的合作非常有利于 ISSN 中国国家中心今后的工作开展。

二、ISSN 记录的责任转移

ISSN 记录的责任转移是 ISSN 中国国家中心与其他中心合作的工作内容之一。

ISSN 由哪个中心分配并建立的记录,那么就属于哪个中心的管理责任。这在国际中心注册数据库"Country of publication"和"ISSN Centre"数据项中有记载。

例 1:属于美国中心责任的记录

ISSN	0002 - 9645
ISSN-L	0002 - 9645
Medium	Regular print
Key Title	American journal of veterinary research
First or current publisher	[Chicago] American Veterinary Medical Association
Country of publication	**UNITED STATES**
Dates of publication	1940/9999 current
Sequential and/or chronological designations	v. 1 - (no. 1 -); Oct. 1940-
Author	American Veterinary Medical Association.
Frequency	Monthly
Type of publication	Periodical
Language	English
Title script	Basic roman
Title proper	American journal of veterinary research.
Abbreviated key title	Am. j. vet. res.
Dewey classification	619. 05
CODEN	AJVRAH
URL	http://www. usc. edu/hsc/nml/e-resources/info/amejouvr. html
URL	http://www. avma. org/journals/ajvr/ajvr_index. asp
Indexed by	[ISSN 0009 - 2258]
Additional Physical Form Entry	American journal of veterinary research (Online) [ISSN 1943 - 5681]
ISSN Centre	**United States**
Category	—Register

例 2:属于 ISSN 中国国家中心责任的记录

ISSN	1671－2927
ISSN-L	1671－2927
Medium	Regular print
Key Title	Agricultural Sciences in China
First or current publisher	Beijing: Editorial Department of Agricultural Sciences in China.
Country of publication	**CHINA**
Dates of publication	2002/9999 current
Issuing body(as on the piece)	Chinese Academy of Agricultural Sciences
Frequency	Monthly
Type of publication	Periodical
Language	English
Title script	Basic roman
Abbreviated key title	Agric. Sci. China
Dewey classification	630 [original]
Additional Physical Form Entry	Agricultural Sciences in China(Online) [ISSN 2210－450X]
ISSN Centre	**China**
Category	—Register

例 3:属于罗马尼亚中心责任的记录

ISSN	0004－5551
ISSN-L	0004－5551
Cancelled ISSN	1221－6836
Medium	Regular print
Key Title	Bulletin-Association Internationale d´Études Sud-Est Européenes
First or current publisher	Bucarest : Editura Enciclopedică, 1963－2001.
Country of publication	**ROMANIA**
Dates of publication	1963/2001 dead
Issuing body (as on the piece)	Association Internationale d´Études Sud-Est Européenes

Frequency	Semiannual
Type of publication	Periodical
Language	French
Title script	Extended roman
Title proper	Bulletin.
Variant title	Bulletin AIESEE
Abbreviated key title	Bull. -Assoc. Int. Études Sud-Est Eur.
Universal Decimal Classifica-tion	008(4-11) [current ed.]
Continues	Revue de l'Association Internationale d'études du Sud-Est Européen
Continued by	Revue de l´Association Internationale d´Etudes du Sud Est Européen [ISSN 2066 – 7361]
ISSN Centre	**Romania**
Category	—Register

《ISSN 手册》明确规定,如果一种连续性资源从一个国家转移到另一个国家,建立该 ISSN 记录或者 ISSN 临时分配的责任就应从一个中心转移到另一个中心。有时会发生一个中心已经预先分配了 ISSN,连续性资源最终却在另一个国家出版。在这些情况下转移 ISSN 分配的责任是必要的。

责任转移可能是由资源转入国发起,也可能是资源出版后要对其持有责任的国家发起。无论属于何种情况,在 ISSN 网络都要遵循如下步骤:

(1)涉及责任转移的两个国家中心都应将有关变化的沟通协议告知国际中心。

(2)接收责任转移的中心,应该对相关记录承担的责任有:创建和/或更新记录以反映资源变化(包括新国家和新中心代码);如果是预先的分配则完成其书目记录。

(3)用常规格式将新的或更新后的 ISSN 记录传送至国际中心。

ISSN 中国国家中心与国际中心和其他国家中心之间都有过 ISSN 记录的责任转移方面的合作。各个中心间的合作是密切的和高效率的。

第三章　ISSN 中国国家中心 ISSN 注册

第一节　ISSN 申请

一、出版机构自行提交申请

通过 ISSN 中国国家中心网站（http://www.nlc.gov.cn/newissn/），出版机构及用户可以获知 ISSN 中国国家中心的 ISSN 分配规则；确定出版物是否具备申请 ISSN 的条件；下载并提交完整的申请表及其他必要资料和信息。

1. 具备申请 ISSN 条件的出版物

经国家新闻出版管理部门批准的印刷版或电子版的连续性资源都可申请 ISSN。

同一题名的不同载体、不同文种连续性资源都可申请 ISSN。如果连续出版物是同一题名且有多个载体形式（如印刷版、网络版、CD-ROM 等），或者有不同的语种版本，那么需要为每一种载体或版本分配不同的 ISSN。

2. 预先申请 ISSN

预先申请 ISSN 是指在出版物出版之前申请 ISSN。这时的 ISSN 还没有正式录入 ISSN 注册数据库系统中，直到 ISSN 中国国家中心收到出版物的第一期样本，确认该 ISSN 已经在使用且属于规范使用。所以出版机构应该在出版后第一时间将印有 ISSN 的样本寄往 ISSN

中国国家中心。

3. ISSN 中国国家中心不受理台湾和香港地区出版物的 ISSN 分配

台湾和香港地区出版物由 ISSN 国际中心负责分配。

对于香港地区的出版物，在以下情况下 ISSN 国际中心负责分配 ISSN：出版商为高校等学术机构或公共机构；依照香港法第 268 章"本地报刊注册条例"已注册的或将要注册的出版物。同时，出版商必须提供香港特别行政区电影、报刊及物品办事处出具的相关证明文件，证明该出版物属于该办事机构受理或正由该办事机构受理。预先申请到 ISSN 后，必须提供出版后第一期，ISSN 即完成注册。提供第一期样本的方式是，随书目号（Bib-ID）以航空信的形式寄往 ISSN 国际中心。

二、ISSN 申请所需手续

出版社在获得国家出版管理部门的批准许可后，可从 ISSN 中国国家中心网页上下载"ISSN 申请表"，填写后提交，同时还须提交批准文件的复印件，如国家新闻出版署（或国家科技部）批文、期刊出版许可证和期刊登记表的复印件；提交相应出版物样本或样本复印件（如属更名情况则须提供原刊最后一期，如属已按现刊名出版过则须提供现刊名第一期和最新出版的前后两期）。

国家新闻出版总署批文复印件如图 3－1 所示。

期刊出版许可证复印件如图 3－2 所示。

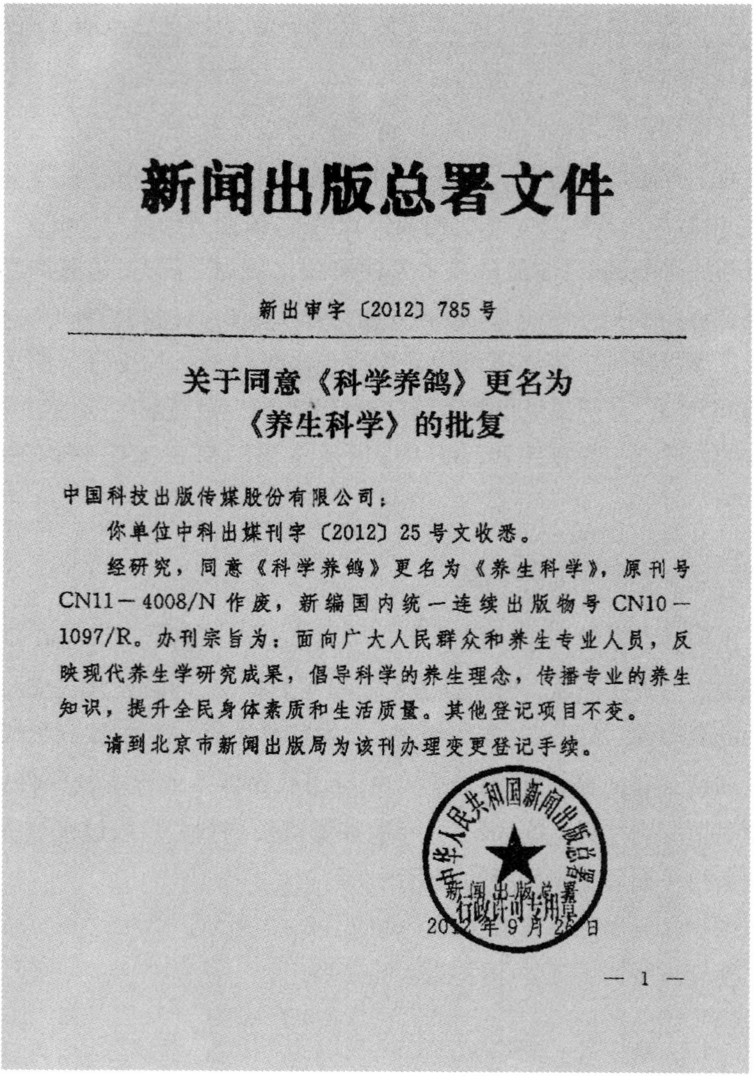

新闻出版总署文件

新出审字〔2012〕785号

关于同意《科学养鸽》更名为《养生科学》的批复

中国科技出版传媒股份有限公司：

你单位中科出媒刊字〔2012〕25号文收悉。

经研究，同意《科学养鸽》更名为《养生科学》，原刊号CN11－4008/N作废，新编国内统一连续出版物号CN10－1097/R。办刊宗旨为：面向广大人民群众和养生专业人员，反映现代养生学研究成果，倡导科学的养生理念，传播专业的养生知识，提升全民身体素质和生活质量。其他登记项目不变。

请到北京市新闻出版局为该刊办理变更登记手续。

2012年9月26日

— 1 —

图3－1　国家新闻出版总署批文复印件

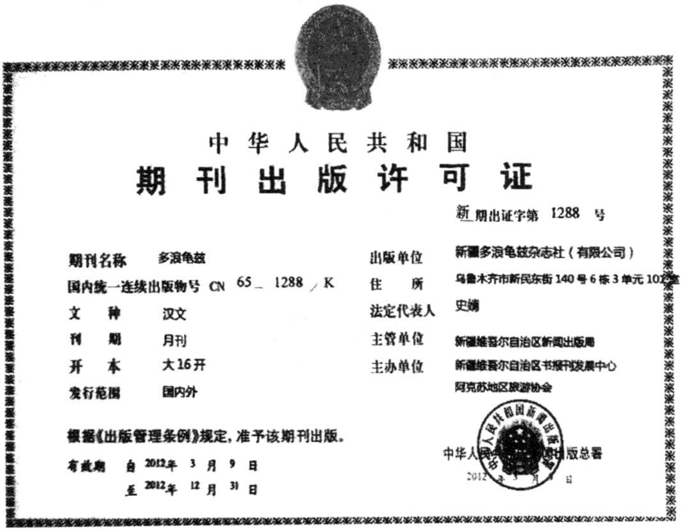

中华人民共和国
期刊出版许可证

新 期出证字第 1288 号

期刊名称　多浪龟兹
国内统一连续出版物号 CN 65 _ 1288 / K
文　种　汉文
刊　期　月刊
开　本　大16开
发行范围　国内外

出版单位　新疆多浪龟兹杂志社（有限公司）
住　所　乌鲁木齐市新民东街140号6栋3单元102室
法定代表人　史婧
主管单位　新疆维吾尔自治区新闻出版局
主办单位　新疆维吾尔自治区书报刊发展中心
阿克苏地区旅游协会

根据《出版管理条例》规定，准予该期刊出版。

有效期　自 2012年 3 月 9 日
至 2012年 12 月 31 日

中华人民共和国新闻出版总署
2012 年 3 月 9 日

图 3－2　期刊出版许可证复印件

期刊登记表复印件如图 3－3 所示。

从 ISSN 中国国家中心网站（http://www.nlc.gov.cn/newissn/sqissn/）下载申请表。如图 3－4 所示。

ISSN 申请所需手续的说明：

（1）依据 ISO 3297（第四版）规定，ISSN 申请免费。

（2）由于申请方提供材料不全，ISSN 中国国家中心有权不予办理。不完整及不准确的申请手续将退回寄件人或等待补齐后办理。

（3）ISSN 申请的处理时间为 10 个工作日以内（两周）。但是，如果由于申请方提供的信息或资料不全，ISSN 的分配将不以此时间期限为准。如果办理多个出版物的 ISSN 申请需提前与 ISSN 中国国家中心联络。

（4）申请方若有意制造误导信息，ISSN 中国国家中心将有权拒绝分配 ISSN。一旦发现所提供的为误导信息，ISSN 中国国家中心将有权注销 ISSN。

ISSN ________ - ________

C N 10 — 1102 / C

期刊登记表

期刊名称 （中文）《智力课堂》

（外文） Intellectual class

主管单位 共青团中央

主办单位 中国少年儿童新闻出版总社

出版单位 《智力课堂》编辑部

中华人民共和国新闻出版总署制

图 3－3　期刊登记表复印件

ISSN 申请表

期刊名称		
现用名称开始于　　年　　月 第　　卷 第　　期 总第　　期		
外文刊名		
CN	邮发号	国外代号
主编	联系人	正文语种
刊期	出版地	其它语文版
刊期变化及试休刊情况(注迄止年月)		
编辑单位		邮编
地址		电话
网址/E-mail		传真
主办单位		邮编
地址		电话
出版单位		
曾用名 ISSN		
停刊于（最后一期）　　年　　月 第　　卷 第　　期 总第　　期		
备 注	主办单位 公　章 年　月　日	编辑部 公　章 年　月　日

一. 申请 ISSN 条件：获得国家新闻出版署颁发的期刊出版许可证，发行范围为国内外公开者。
二. 申请 ISSN 手续：1. 填写 ISSN 申请表一份；2. 提交国家新闻出版署或国家科技部批文复印件和期刊出版许可证、期刊登记表复印件各一份；3. 提交刊物各一份（包括现刊名第 1 期和最新出版的前后两期，以及原刊名最后一期）；4. 将批文、许可证、登记表的复印件和 ISSN 申请表原件与刊物一同送或寄至本中心；　5. ISSN 申请是免费的。
注：如果新创办的刊物还没有出版，可等出版后再提供；外文出版物请用中、外文两种文字填表。
三. 联系地址：北京中关村南大街 33 号国家图书馆（总馆北区-107 房间）ISSN 中国国家中心 (100081)；电话：(010)88545381 或 88545367；传真：(010)68471138；E-mail: issncn@nlc.gov.cn

2010 年 1 月制

图 3 –4　ISSN 申请表

(5)对于申请方未完成申请手续,在为即将出版的出版物预先申请 ISSN 后,未向 ISSN 中国国家中心提交所有题名的第一期(或封面页、题名页、版权页等复印件),ISSN 中国国家中心有权拒绝分配 ISSN。

第二节 ISSN 分配与识别题名的确定

一、ISSN 分配的同时要分配相应的识别题名

ISO 3297 对识别题名进行了定义。识别题名是 ISSN 网络为连续性资源指定的唯一名称,它与其 ISSN 不可分离。特定载体的一种连续性资源只能分配一个 ISSN。一种连续性资源只有一个识别题名,如果连续性资源的识别题名相同则加上限定成分以示区别;如果题名发生较大变化以至构成一个新的识别题名,则分配一个新的 ISSN;如果连续性资源的载体发生改变,就要分配一个新的 ISSN 和新的识别题名。

ISSN 中国国家中心对所收到的 ISSN 申请资料进行审核,审核后符合申请条件的进行题名查重,按照相关规范进行 ISSN 的分配与识别题名的确定,再编制"ISSN 预先申请通知单"发给申请单位。出版社获得 ISSN 后,依据"ISSN 预先申请通知单"中的要求规范使用。

"ISSN 预先申请通知单"如图 3－5 所示。

ISSN 中国国家中心遵循的分配原则是,分配 ISSN 的连续性资源须获得国家新闻出版总署批准出版,具有国内统一连续出版物号(CN),发行范围为公开的连续性资源。

ISSN 预先申请通知单

识别题名：

ISSN

印刷位置：

ISSN 应印在每一期期刊封面的右上角，若因封面设计等原因不便印在封面时，也可将 ISSN 与国内统一刊号(CN)一起印在版权页或封底上。

印刷格式：

ISSN 前缀与 8 位数字之间空一个字符，4 位数字之间用一连字符连。

封面格式：ISSN XXXX－XXXX

版权页或封底格式：ISSN XXXX－XXXX / CN XX－XXXX/YY

印刷字体：

ISSN 的印刷字体应使用不小于 5 号黑体字。

<u>注意事项：</u>

<u>*请将获得的 ISSN 印在即将出版的刊物上，并将印有 ISSN 的第一期样刊寄送到我中心换取证书，否则，这个 ISSN 将是无效的。*</u>

国际标准连续出版物编码系统
中　国　国　家　中　心

联系地址：北京中关村南大街 33 号国家图书馆总馆北区地下一层（-107 房间）
ISSN 中国国家中心(100081)
联系电话：(010) 88545381；88545367
传　　真：(010) 68471138
E - mail：issncn@nlc.gov.cn

图 3 – 5　ISSN 预先申请通知单

二、ISSN 分配所需的元数据

ISSN 分配和注册主要基于连续出版物第一期或最早的一期，或现行集成性资源最近的更新结果。ISSN 分配需要元数据(见下表)和资源的样本或替代品。

表 3－1　ISSN 申请者需提交的元数据信息列表

数据项
题名
出版国别
出版载体
出版语种
出版者名称与地址
出版日期(创刊年/停刊年)
出版状态(包括试刊、休刊情况)
出版频率(月刊/双月刊/季刊/年刊等)
电子地址和访问途径(即:网络资源的 URL)
其他物理载体题名或 ISSN
先前题名或 ISSN
后续题名或 ISSN
增刊母题名或 ISSN
增刊/专刊题名或 ISSN
主丛编题名或 ISSN
分丛编题名或 ISSN
其他版本题名或 ISSN
题名的变异形式

第三节　办理 ISSN 证书

ISSN 中国国家中心将 ISSN 预先分配给将要出版的连续性资源后，需核查以确保第一期的出版以及 ISSN 的正确使用。此项工作即：ISSN 中国国家中心将收到的印有 ISSN 号的样刊与其 ISSN 申请资料进行核对，如连续性资源的题名、ISSN、CN、主办单位、出版单位等印刷情况符合要求,制作一份 ISSN 证书并加盖公章,之后寄发给申请单位。对非规范使用 ISSN 则通知出版单位进行改正,待规范使用后再办理 ISSN 证书。

证书封面,如图 3 –6 所示。

证书内容,如图 3 –7 所示。

图 3 –6　证书封面

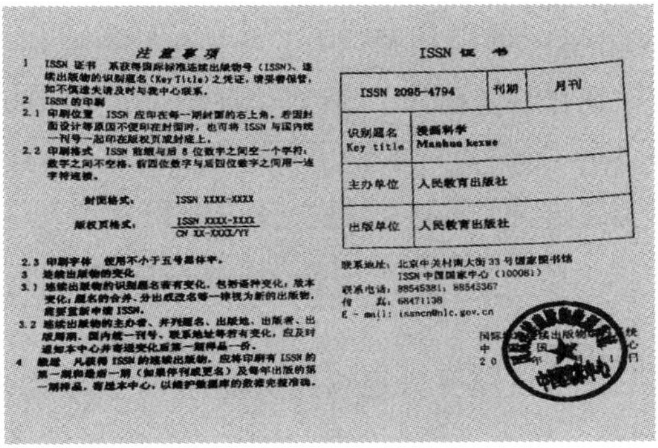

图 3 –7　证书内容

下面两种情况都可能导致证书办理延迟。

其一,未严格按所分配识别题名出刊,导致出刊后的题名与 ISSN 分配时确定的识别题名不符,等待规范后准予办理证书,这导致证书办理延迟。

其二,未及时向 ISSN 中国国家中心寄送印有新刊号的第一期样刊,待催刊后才寄来,这也同样导致证书办理延后及注册完成滞后。

由于证书发放后才能依据第一期样刊和相关信息源建立 ISSN 注

册数据，并将罗马化数据传送国际中心，此时才全部完成 ISSN 注册。所以出版机构应按流程及时办理 ISSN 证书。

第四节　建立 ISSN 注册书目数据

任何一种连续性资源一旦获得了 ISSN，就要同时建立相应的书目数据。ISSN 中国国家中心数据库始建于 1986 年。1991 年以前向 ISSN 国际中心提交的书目数据为磁带形式。1992 年中国国家中心采用 CDS-ISIS 通用检索软件将系统移植到微机上，并向国际中心提交软盘传送书目数据。ISSN 中国国家中心数据库包含 CNMARC 格式和 ISSN MARC 格式两套书目数据。CNMARC 格式数据满足本地化需要，ISSN MARC 格式数据按照国际中心罗马化数据规则编制。

编目人员依据样刊及已发 ISSN 证书的刊物的申请资料进行数据制作。依据《中国文献编目规则》进行 CNMARC 格式的数据制作与维护。数据包括不同语种（含中文、西文及少数民族语文等）、不同载体（含印刷品、光盘及网络版）和不同类型（含期刊及年鉴等）的连续性资源的数据制作与维护。

建立数据时严格按照有关连续性资源的编目规则与格式进行编制，著录项目完整。著录、标引依据《中国文献编目规则》《国际标准书目著录（连续性资源）》《ISSN 手册（编目部分）》《新版中国机读目录格式使用手册》《中国图书馆分类法》《杜威十进分类法》等有关规则。

对更名的连续性资源，在其申请新 ISSN 后还要对更名前数据进行维护，记录停刊时间及相应卷期标识等，并用款目连接字段将两条书目数据进行连接。

ISSN 注册数据的建立和维护，要根据情况尽可能涵盖下表中列出的数据项。《ISSN 手册（编目部分）》描述了（必备及选用）数据项的定义和应用，在编目时对照使用。

表 3－2　ISSN 中国国家中心要建立并维护的元数据项目列表

序号	数据项	序号	数据项
1	ISSN	17	增刊母题名和 ISSN
2	ISSN-L	18	增刊/专刊题名和 ISSN
3	识别题名	19	主丛编题名和 ISSN
4	出版国别	20	分丛编题名和 ISSN
5	出版载体	21	非特定关系题名和 ISSN
6	出版语种	22	其他版本题名和 ISSN
7	出版者名称/出版地	23	原语种款目和 ISSN
8	ISSN 中心代码	24	缩略识别题名
9	出版日期(创刊年/停刊年)	25	题名的变异形式
10	分类号	26	出版状态(例如:出版/休刊)
11	正题名	27	出版频率
12	发行机构名称	28	连续性资源类型
13	电子地址和访问路径	29	特殊资料标识
14	其他物理载体题名和 ISSN	30	原题名文字
15	先前题名和 ISSN	31	Coden 码和其他代码
16	后续题名和 ISSN	32	引用/参考附注

第五节　ISSN 注册书目数据的日常维护

连续性资源的动态化特点决定了 ISSN 注册书目数据需要不断更新与维护。

连续性资源是指没有预先确定结束日期的任何载体类型的出版物，包括连续性出版物和集成性资源，出版时间短的可能仅出一两期，出版时间长的可能有几年、十几年或数十年。

动态化是连续性资源最大的特点。连续性资源虽然出版连续,内容时效新颖,学科范围相对稳定,但在长期出版发行的过程中,由于时代的变化,需求的改变等多种因素的影响,诸如出版频率、载体形态、休刊或复刊情况、责任者、出版者、出版地等组成书目数据各元素的信息源或多或少地发生着变化。与专著编目相比,连续性资源的编目独具明显的动态化特点,其书目数据需要不断更新与维护。

一、出版频率变化

期刊的出版频率不是一成不变的。不同的期刊有不同的出版频率,如半月刊、月刊、双月刊、季刊、半年刊、年刊等。同一种期刊的出版频率也不是一成不变的,有些会发生变化。如由原来的季刊扩展为双月刊、月刊等,或由月刊缩减为双月刊或季刊,或出现停刊、休刊、复刊等变化。

出版频率发生变化时要及时修改书目数据。期刊出版频率变化不但涉及 326 字段,与其相关的如 100、110 字段也应进行相应的更新。

326 字段包含连续性资源出版周期附注,当要说明该连续性资源不同时期的出版频率时,本字段可重复,重复字段的顺序为:最近的出版频率最先著录。

110 字段是著录连续性资源编码数据的字段。它的 $a 子字段包含 0—10 共 11 个字符位,字符位 1 表示期刊的出版频率。当出版频率发生变化时,在 110 字段的 $a 子字段 1 字符位选择表示最新出版频率的代码。

在 326 字段,则重复本字段,最新的出版频率著录在第一个 326 字段,使之与 110 字段字符位置 1 表示出版频率的代码相一致。在添加 326 字段的过程中一定要注意先后顺序,即第一个 326 字段为当前的出版频率,再依次著录历史出版年。另外还应在出版周期的 $b 子字段中著录该出版周期的起始时间和终止时间。

出版频率每发生一次变化都需要在编目数据中增加著录一个新的 326 字段,同时还应改变编码数据 110 字段中的周期代码。

例 1:《中国卫生工程》1992 年至 2004 年为季刊,2005 年变更为双月刊,除增加著录新的 326 字段,周期代码也相应由原来的"h"改为"g"。

011## $a1671 -4199

091## $a22 -1333/R

092## aCNb12 -126$cBM8207

100## $a20020325a19929999m##y0chiy50######ea

1010# $achi$dchi$deng$eeng

102## aCNb220000

106## $ar

110## $aa**g**az###0zy0

2001# $a 中国卫生工程学 $AZhongguo weisheng gongchengxue $dChinese Journal of Public Health Engineering$zeng$f 该刊编委会

207#0 $aV. 1, no. 1(1992,8) ~

210## $a 长春$c 中国卫生工程学杂志社 $d1992 ~

215## $d30cm

306## $a 内部发行(1992,8 ~2001)

326## $a 双月刊 $b2005 ~

326## $a 季刊 $b1992 ~2004

例 2:《上海电器技术》1979 年为半年刊,1980 年至 2010 年变更为季刊,除增加著录新的 326 字段,周期代码也相应由原来的"j"改为"h"。

011## $a1001 -1374

091## $a31 -1333/TM

092## $aCN $b4 -350

100## $a19900830b19792010km#y0chiy50######ea

1010# $achi$dchi$deng$eeng

102## aCNb310000

106## $ar

110## $aa**h**az###0zy0

2001# $a 上海电器技术 $AShanghai dianqi jishu $dShanghai Electric Appliance Technology$zeng$f 该刊编辑部

207#0 $a1979,no.1(1979) ~2010,no.4(2010,12) = 总 1 ~125

210## $a 上海 $AShang Hai$c 上海市电器技术研究所 $CShang Hai Shi Dian Qi Ji Shu Yan Jiu Suo$d1979 ~2010

215## $d28cm

307## $a 尺寸曾为:26cm

326## $a 季刊 $b1980 ~2010

326## $a 半年刊 $b1979

例 3:《江西医学院学报》1978 年至 2000 年为季刊,2001 年至 2008 年变更为双月刊,2009 年至 2012 年又变更为月刊,除增加著录新的 326 字段,周期代码也相应由原来的“h”改为“g”再改为“f”。

011## $a1000 -2294

040## $aJYIXU8

091## $a36 -1029/R

092## aCNb44 -120$cQ4429

100## $a19900830b19782012km#y0chiy50######ea

102## aCNb360000

106## $ar

110## $aa**f**az###0zy0

2001# $a 江西医学院学报 $AJiangxi Yixueyuan xuebao$dActa Academiae Medicinae Jiangxi$zlat$f 该刊编辑室

207#0 $a1978,no.1(1978) -1984,no.4(1984,12) =总 28/29 -55$aV.25,no.1(1985,3) -v.52,no.2(2012,2) =总 72 -225

210## $a 南昌 $c 该刊编辑室 $d1978 ~2012

215## $d30cm

300## $a1985 年起总期号从 1957 年起累计

307## $a 尺寸曾为:26cm

326## $a 月刊 $b2009 ~2012

326## $a 季刊 $b1978 ~2000

326## $a 双月刊 $b2001 ~2008

二、停刊

停刊数据涉及的相关字段有 100、207、210、326 字段等,应进行相应的更新。

100 字段是通用处理数据字段,包含 0—35 共 36 个字符位,字符位 8 为出版时间类型,字符位 9—12 为出版时间 1,字符位 13—16 为出版时间 2。出版时间 1 计入起始出版年或不同于出版年的创刊年。出版时间 2 计入停止出版年。现仍出版的连续性资源出版时间类型用“a”,已停止出版的连续性资源出版时间类型用“b”。

停刊数据的维护需在第一个 326 字段的 $b 中输入终止年进行封口后,再将 100 字段中的出版时间类型代码由原来的“a” 改为“ b”,并同时将第二出版年由原来的“9999”改为具体停刊年。

207 字段是资料特殊细节项,著录的是连续性资源的卷期年月标识。如在编连续性资源仍在出版,207 的 $a、210 的 $d 子字段的“ -”标识后是不著录的。当在编连续性资源停止出版时,要实时添加终止卷期标识。

210 字段的 $d 子字段著录连续性资源出版发行日期的信息。连续性资源停止出版时, 要在 $d 子字段实时增加著录停止出版年。210 字段 $d 子字段著录的出版发行时间应与 100 字段著录的出版发行时间一致。

例:《四川食品与发酵》更名为《食品与发酵科技》后,即需对原刊作停刊数据维护。包括100 字段第8 位和13 - 16 位、207 字段 $a、210 字段 $d 、326 字段 $b 等。

011## $a1671 - 6892

091## $a51 - 1433/TS

100## $a20020517b19932008em#yochiy50######ea

1010# $achi $dchi $deng $eeng

102## $aCN

106## $ar

110## $aaha

2001# $a 四川食品与发酵 $ASichuan shipin yu fajiao $dSichuan Food and Fermentation $zeng $f 该刊编辑部

207#0 $aV.20,no.1(1993,3) - V.44,no.6(2008,12) = 总 78 - 147

210## $a 成都 $AChengDu $c 该刊编辑部 $CGai Kan Bian Ji Bu $d1993 - 2008

215## $a25v. $c 插图 $d26cm

300## $a 新出综合[2008]1055 号文同意《四川食品与发酵》更名为《食品与发酵科技》

314## $aV. 36, no. 3(2001)起有并列题名: Sichuan Food and Fermentation

326## $a 双月刊 $b2006 - 2008

326## $a 季刊 $b1993 - 2005

345## $a 四川省成都市温江县城西柳河路 335 号(611130)

430#1 $t 四川制糖发酵 $TSiChuan Zhi Tang Fa Jiao

440#1 $t 食品与发酵科技 $x1674 - 506X

5101# $aSichuan Food and Fermentation $zeng

5300# $aSichuanshipinyufajiao

6100# $a 食品 $a 发酵

676## $a664

690## $aTS2

71102 $a 四川省食品发酵工业研究设计院 $ASiChuan Sheng Shi Pin Fa Jiao Gong Ye Yan Jiu She JiYuan $aSichuan Academy of Food and Fermentation Industry

802## $a22

三、休刊和复刊

对于已经按停刊编目的期刊,如果经过数年后又以原刊名恢复出版,则需要在原记录中添加一个新的 326 字段,著录复刊后的出版周期和起始年,同时将 100 字段的出版时间类型由原来的“ b” 改为“a”,将第二出版年由原来的具体停刊年改为“9999” 。同时还应在 3 字段著录有关休刊和复刊的附注信息。

例:《面粉通讯》曾休刊且现已停刊,需要维护 100 字段第 8 位和第 13—16 位,207、210 字段以及 3 字段辅助项。

011## $a1672 - 1748

091## $a32 - 1661/TS

100## $a20030901b19512008km#y0chiy50######ea

1010# $achi

102## aCNb320000

106## $ar

110## $aahaz###0zy0

2001# $a 面粉通讯 $AMian Fen Tong Xun $dFlour Milling $zeng $f 面粉通讯杂志社

207#0 $a1951, no. 1(1951,5) - 1953, no. 8(1953,7) $a1987, no. 1(1987) - 2005, no. 4(2005) $a2005, no. 5(2005) - 2008, no. 6(2008, 12) = 总 77 - 96

210## $a 无锡 $AWu Xi $c 该刊编辑部 $CGai Kan Bian Ji Bu $d1951 – 2003 $a 南京 $ANan Jing $c 面粉通讯杂志社 $CMian Fen Tong Xun ZaZhi She $d2003 – 2008

215## $a96no. $d28cm

300## $a 新出报刊[2008]1133 号文同意《面粉通讯》更名为《现代面粉工业》

303## $a 刊上印:1987 年创刊

306## $a2003 年起公开发行

314## $a 原主办:江苏省粮食工业协会面粉专业委员会、江南大学校友会

315## $a1951 年 5 月至 1953 年 7 月由原江南大学学生编辑出版,以不定期、非卖品形式共出版 8 期;1953,8 – 86 休刊

326## $a 双月刊 $b2005 – 08

326## $a 季刊 $b1987 – 2004

326## $a 不定期 $b1951 – 53

四、刊名变更

刊名变更需对前刊数据进行维护。对更名的连续性资源,在其申请新的 ISSN 后还要对更名前数据(或更名前数据的前刊数据)进行维护,记录停刊时间及相应卷期标识等,并著录连接款目的相应字段以实现两条书目数据的关联。

更名后数据:

例:《继电器》更名为《电力系统保护与控制》,需在 430 字段著录更名前刊名及 ISSN。

011## $a1674 – 3415

091## $a41 – 1401/TM

092## aCNb36 – 135 $cSM4914

100## $a20080911a20089999km#y0chiy50######ea

1010# $achi$dchi $deng $eeng

102## aCNb410000

106## $ar

110## $aaeaz###0zy0

2001# $a 电力系统保护与控制 $ADian Li Xi Tong Bao Hu Yu Kong Zhi$dPower System Protection and Control$zeng$f 电力系统保护与控制杂志社

207#0 $aV. 36, no. 12(2008,6) - = 总 270 -

210## $a 许昌 $AXu Chang$c 电力系统保护与控制杂志社 $CPower System Protection and Control Press $d2008 -

215## $d29cm

326## $a 半月刊

345## $a 编辑部地址: 河南省许昌市许继大道 1706 号(461000); Tel:(0374)3212058,(0374)3212462; Fax:(0374)3212058; E - mail: wanlinh $xjgc. com; http://www. dlbh. net

430#1 $t 继电器 $x1003 - 4897

5101# $aPower System Protection and Control $zeng

6100# $a 电力系统 $a 电力保护 $a 继电器

676## $a621. 381537 $v22

690## $aTM5$v4

71102 $a 许昌继电器研究所 $AXu Chang Ji Dian Qi Yan Jiu Suo $aXuchang Relay Research Institute$4 主办

802## $a22

更名前数据:

例:《继电器》更名为《电力系统保护与控制》需在 440 字段著录更名后刊名及 ISSN,并维护 100 字段第 8 位和第 13—16 位,207、210 字段以及 3 字段辅助项。

011## $a1003 - 4897

091## $a41 -1121/TM

100## $a19911029b1973**2008**km#y0chiy50######ea

1010# $achi

106## $ar

110## $aaeaz###0zy0

2001# $a 继电器 $AJidianqi$dRelay$zeng$f 继电器杂志社

207#0 $a1973,no.1(1973,1) -1996,no.4(1996) =总[1] -96 $aV.25,no.1(1997) -**V.36,no.11(2008,6)** =总 97 -**269**

210## $a 许昌 $AXu Chang$c 继电器杂志社 $CRelay Press$d1973 -**2008**

215## $a269no.$d26cm

326## $a 半月刊 $b2004 ~08,6

326## $a 月刊 $b2000 ~03

326## $a 双月刊 $b1997 ~99

326## $a 季刊 $b1973 ~96

345## $a 河南许昌市建设路 77 号(461000)

440#1 $t 电力系统保护与控制 $x1674 -3415

5101# $aRelay $zeng

6100# $a 继电器

676## $a621.381537

690## $aTM5

71102 $a 机械电子部许昌继电器研究所 $AJi Xie Dian Zi Bu Xu Chang Ji Dian Qi Yan Jiu Suo$aXuchang Relay Research Institute$4 主办

802## $a22

更名后数据:

例:《木本植物研究》更名为《植物研究》,需在 430 字段著录更名前刊名及 ISSN。

011## $a1673 -5102

091## $a23 - 1480/S

092## aCNb14 - 77$cBM562

100## $a20060227a20019999em#y0chiy50######ea

1010# $achi $deng

102## $aCN

106## $ar

110## $aagaz###0yy0

2001# $a 植物研究 $AZhiwu yanjiu (2001)$dBulletin of Botanical Research$zeng$f 该刊编辑部

207#0 $aV. 21, no. 1(2001,1) ~ = 总 89 ~

210## $a 北京 $c 科学出版社(Science Press)$d2001 ~

215## $d29cm

326## $a 季刊 $b2001 ~05

345## $a 哈尔滨市和兴路 26 号东北林业大学(150040);电话:0451 - 82190611;E-mail:duanxihua828$163. com

430#1 $t 木本植物研究 $x1673 - 5994

5301# $a 植物研究 $b(2001)

6100# $a 植物

71102 $a 东北林业大学 $ADong Bei Lin Ye Da Xue $aNortheast Forestry University

676## $a580$v19

690## $aQ94$v4

802## $a22

更名前数据:

例:《木本植物研究》更名为《植物研究》,需在 440 字段著录更名后刊名及 ISSN,并维护 100 字段第 8 位和第 13—16 位,207、210 字段相等。

011## $a1673 - 5994

091## $a23 – 1245/S

092## $aCN $b14 – 77

100## $a20060227b20002000em#y0chiy50######ea

1010# $achi$deng

102## $aCN

106## $ar

110## $aahaz###0yy0

2001# $a 木本植物研究 $AMu Ben Zhi Wu Yan Jiu $dBulletin of Botanical Research$zeng$f 该刊编辑部

207#0 $aV. 20, no. 1(2000,1) ~ **no. 4(2000,10)** = 总 85 ~ **88**

210## $a 北京 $c 科学出版社(Science Press)$d**2000**

215## $a4no. $c 插图 $d26cm

345## $a 哈尔滨市和兴路 26 号东北林业大学(150040);电话:0451 – 2190677;E-mail:zygorl$public. hr. hl. cn

430#1 $t 植物研究(1981)$x1000 – 1042

440#1 $t 植物研究(2001)$x1673 – 5102

6100# $a 木本 $a 植物

71102 $a 东北林业大学植物研究所 $ADong Bei Lin Ye Da Xue Zhi Wu Yan Jiu Suo

676## $a580$v19

690## $aQ94$v4

802## $a22

更名前数据的前刊数据:

例:《植物研究》经过 2 次更名,初次更名的前刊数据也需要维护,在 530 字段 $b 著录限定信息以区别相同的识别题名。

011## $a1000 – 1042

092## $aCN $b14 – 77

100## $a19900830b1981**1999**em#y0chiy50######ea

1010# $achi$deng

102## $aCN

106## $ar

110## $aahaz###0yy0

2001# $a 植物研究 $AZhiwu yanjiu (**1981**)$dBulletin of Botanical Research$zeng$f 该刊编委会

207#0 $aV. 1, no. 1/2(1981,4) - v. **19**, **no. 4**(**1999**, **10**) = 总 10/11 - **84**

210## $a 哈尔滨 $c 东北林业大学出版社 $d1981 - **1999**

215## $a19v. $c 插图 $d26cm

304## $a1988 年第 1 期封面左上角开始出现"木本"小字样。

345## $a 哈尔滨市和兴路东北林业大学

430#1 $t 东北林学院植物研究室汇刊

440#1 $t 木本植物研究 $x1673 - 5994

5301# $a 植物研究 $**b**(**1981**)

6100# $a 植物

676## $a580

690## $aQ94

71102 $a 东北林业大学 $ADong Bei Lin Ye Da Xue

802## $a22

五、不同载体数据的维护

同期或先后以不同载体形式出版的连续性资源,需要分别建立数据,并对其进行维护,通过 452 字段实现连接。

例:《系统科学与系统工程学报》与其网络版《Journal of Systems Science and Systems Engineering》需要著录 452 字段实现连接。

011## $a1004 - 3756

091## $a11 - 2983/N

092## $aCN $b80 - 221

100## $a19941005a19929999km#y0engy50######ba

1010# $aeng$deng

102## $aCN

106## $ar

110## $aahaz###0yy0

2001# $aJournal of Systems Science and Systems Engineering$d 系统科学与系统工程学报（英文版） $zchi $fSystems Engineering Society of China

207#0 $aV. 1, no. 1 (Sept. 1992) ~

210## $aBeijing$cSystems Engineering Society of China$d2003 -

215## $d26cm

306## $a 原 210 字段：$aBeijing$cInternational Academic Publishers$d1992 - 2002

326## $aQuarterly $b1992 -

345## $a 北京中关村中科院系统科学所内（100080）；电话：010 - 62771663, 62789928

452#0 $tJournal of systems science and systems engineering (Internet)$x1861 - 9576

5101# $a 系统科学与系统工程学报（英文版） $zchi

5300# $aJournal of Systems Science and Systems Engineering

531## $aJ. Syst. Sci. Syst. Eng.

6100# $aSystems Science $aSystems Engineering

676## $a620.7

690## $aN94

71102 $aSystems Engineering Society of China$a 中国系统工程学会 $AZhong Guo Xi Tong Gong Cheng Xue Hui$4Sponsor

802## $a22

六、不同文种数据的维护

同期或先后以不同文种形式出版的连续性资源,需要分别建立数据,对数据进行维护时,通过 451 字段实现连接。

例:《上海经济年鉴》与《Shanghai Economy Almanac. Pocket Edition》属不同文种形式,需著录 451 字段实现数据的关联。

011## $a1004 -4205

091## $a31 -1609

100## $a19920310a19879999em#y0chiy50######ea

1010# $achi

102## $aCN

106## $ar

110## $aakaz###0yy0

2001# $a 上海经济年鉴 $AShanghai jingji nianjian $dShanghai Economy Yearbook$zeng$f 该刊编辑部

207#0 $aV.3,no.1(1987) -

210## $a 上海 $AShang Hai$c 三联书店上海分店 $CSan Lian Shu Dian Shang Hai Fen Dian$d1987 -

215## $c 插图 $d26cm

326## $a 年刊

345## $a 上海淮海中路 622 弄 7 号 579 室(200020)

430#1 $t 上海经济 $TShang Hai Jing Ji

451#0 $tShanghai Economy Almanac$iPocket Edition$x1674 -3725

5101# $aShanghai Economy Yearbook$zeng

5300# $aShanghai jingji nianjian

6100# $a 上海经济年鉴

676## $a330.951

690## $aF12

71102 $a 上海社会科学院 $AShang Hai She Hui Ke Xue Yuan

802## $a22

011## $a1674 - 3725

091## $a31 - 1821/F

100## $a20090215a20049999m##y0engy0110####ba

1010# $aeng

102## aCNb310000

106## $ar

110## $aakah###0zy0

2001# $aShanghai Economy Almanac$iPocket Edition$fGeneral Office, Shanghai Economy Almanac

207#0 $aV. 10(2004) -

210## $aShanghai$cShanghai Economy Almanac Press$d2004 -

215## $cill. $d18cm × 11cm

345## $a 编辑部地址：上海市永嘉路 35 号 8 楼北座(200020)；Tel：(021)54658292；Fax：(021)54658501；E-mail：sheyb$online. sh. cn

430#1 $tShanghai Economy Yearbook. Pocket Edition

451#0 $t 上海经济年鉴 $x1004 - 4205

531## $aShanghai Econ. Alm. , Pocket Ed.

5300# $aShanghai Economy Almanac. Pocket Edition

6100# $aEconomy almanac

676## $a330. 951$v22

690## $aF127. 51$v4

71102 $aDevelopment Research Center Shanghai Municipal Government $4Compiler

802## $a22

除前文列举的连续性资源变化的情况外，还有很多方面都需根据具体情况对数据进行维护。

总之，对数据库中已有的数据，当文献未发生更名情况时，则根据其出版信息变化情况（如并列题名、出版者、主办单位以及出版频率等）及时对书目数据进行维护与更新，保证数据及时更新。必要时到图书馆阅览室或库房提取刊物核对进行数据维护。

另外，对已办理证书但并未按证书中要求及时寄送样刊的情况，ISSN 中国国家中心通过催缴在获得样刊后，数据维护人员根据刊物信息源进行数据维护。对题名发生变化的连续出版物，督促其及时履行相关手续重新申请 ISSN。

连续性资源出版发行的动态性特点，决定了连续性资源书目数据必须要根据变化了的情况进行实时更新。一种连续性资源的编目数据在著录时即使是一条既标准又规范的数据，但当连续性资源在出版发行过程中发生变化后，就需要对该记录进行及时修改和补充。所以，连续性资源书目数据的维护是长期性的，同时任务也是艰巨的。

第六节　罗马化数据提交 ISSN 国际中心

一、罗马化

罗马化（或称拉丁化）是语言学的一个术语，是指将非拉丁字母（或称罗马字母）形式的拼音文字系统转换成拉丁文字系统的过程，也就是将被转换系统里的非拉丁字符按照转写系统的规则和转写表，将字符（也包括字符的附加符号及单音素双字符）对号入座地转写成转换系统里的拉丁字符。

汉语是非表音文字，而是意音文字。1982 年，国际标准化组织发出 ISO 7098 号文件（中文罗马字母拼写法）采用《汉语拼音方案》进行中文罗马字母拼写，1991 年修订。

我国 1996 年 1 月发布国家标准 GB/T 16159—1996《汉语拼音正词法基本规则》,1996 年 7 月实施。2012 年 6 月发布修订版 GB/T 16159—2012,2012 年 10 月实施。

二、罗马化数据制作与维护

ISSN 注册书目数据除采用 CNMARC 建立本地化数据外,还对照 CNMARC 格式数据制作成 ISSN MARC 格式数据,同时将简体中文等非罗马文字转换成罗马化文字,并按要求进行切词、切音、转换大小写等。

罗马化书目数据制作与维护依据《国际标准书目著录(连续性资源)》《ISSN 手册(编目部分)》《国家和中心代码表》《语言代码表》《连续出版物题名缩略词一览表》等规则。

(1)按相关标准及规范创建罗马化数据。必备字段不可缺少。

例 1:

008900830d19792006chnb22p###########e#chitx

022## $a1000 - 5633

082## $b610

222## $aHuńan Zhongyi Xueyuan xuebao

245## $aHuńan zhongyi xueyuan xuebao

246#1 $aJournal of Traditional Chinese Medicine University of Hunan

246#3 $aJournal of Hunan College of Traditional Chinese Medicine

260## $aChangsha $bHuńan Zhongyi Xueyuan

550## $aHuńan Zhongyi Xueyuan

785#0 $tHuńan Zhongyiyao Daxue xuebao$x1674 - 070X

例 2:

008930701c19889999chnm22p##########a#engtx

022## $a1003 - 3408

082## $b327

210## $aContemp. Int. Relat.

222## $aContemporary International Relations

245## $aContemporary International Relations

260## $aBeijing$bChina Institute of International Relations

550## $aChina Institute of Contemporary International Relations

(2)停刊数据的维护。将 008 字段出版状态改为“d”,停刊时间著录在第二出版年字符位置。

例:

008900830**d**1982**2009**chnb22p##########e#chitx

022## $a1000 -3584

082## $b495.1

222## $aXiuci xuexi

245## $aXiuci xuexi

260## $aNanchang$bJiangxi Jiaoyu Chubanshe

550## $aFudan Daxue Zhongguo Yuyan Wenxue Yanjiusuo

550## $aZhongguo Xiuci Xuehui Huadong Fenhui

785#0 $tDangdai xiucixue $x1674 -8026

(3)更名前数据的维护。除将 008 字段出版状态改为“d”,停刊时间著录在第二出版年字符位置外,在 785 字段的 $t 子字段著录更名后刊物的题名,在 $x 子字段著录更名后刊物的 ISSN。

例 1:

008900830**d**1980**2004**chnf22p##########e#multx

022## $a1000 -4696

082## $b623.82

222## $aJiaotongbu Shanghai Chuanbo Yunshu Kexue Yanjiusuo xuebao

245## $aJiao tong bu Shang Hai chuan bo yun shu ke xue yan jiu suo xue bao

246#1 $aJournal of SSSRI

246#3 $aJournal of Shanghai Ship & Shipping Research Institute

260## $aShanghai $bJiaotongbu Shanghai Chuanbo Yunshu Kexue Yanjiusuo

550## $aJiaotongbu Shanghai Chuanbo Yunshu Kexue Yanjiusuo

785#0 $tShanghai Chuanbo Yunshu Kexue Yanjiusuo xuebao $x1674 - 5949

例 2:

008900830**d**1979**2008**chnm22p##########e#chitx

022## $a1000 - 7768

082## $b671.3

222## $aJixie gongren. Lengjiagong

245## $aJi xie gong ren $uLeng jia gong

246#1 $aMachinist Metal Cutting

260## $aBeijing $bJixie Gongye Chubanshe

550## $aJixie Dianzibu Jixie Keji Qingbao Yanjiusuo

550## $aZhongguo Jixie Yejin Gonghui Quanguo Weiyuanhui

780#0 $tJixie gongren jishu ziliao

785#0 $tJinshu jiagong. Lengjiagong$x1674 - 1641

(4)不同文种、不同载体数据的维护。分别在 759 字段和 776 字段著录不同文种和不同载体数据的题名和 ISSN,以实现连接。

例:

008900830d19882008chnb22p##########a#engtx

022## $a1000 - 9116$z0896 - 4890

082## $b551.22

210## $aActa Seismol. Sin.

222## $aActa Seismologica Sinica

245## $aActa Seismologica Sinica

246#1 $aDizhen xuebao. Yingwen ban

246#3 $aActa Seismologica Sinica. English Edition

260## $aBeijing$bEditorial Office Acta Seismologica Sinica

550## $aSeismological Society of China

7592# $tDizhen xuebao$x0253 -3782

7762# $tActa Seismologica Sinica (Online)$x1993 -1344

785#0 $tEarthquake Science$x1674 -4519

三、罗马化数据提交

(1)新建立的罗马化数据。新建立的罗马化数据要与国际中心的数据进行识别题名查重,以保证识别题名的唯一性,确认唯一性后再遵循国际标准 Format for Information Exchange(ISO 2709)数据交换格式输出数据,提交国际中心。

(2)更新的罗马化数据。历史数据需要根据出版信息的变化即时进行更新,更新的内容与 CNMARC 数据内容对应的同时,也要特别注意头标区的历史遗留问题,按现行标准格式进行相应修改,否则无法灌入国际中心数据库。数据格式及字段内容更新确认后同样按 ISO 2709 格式输出数据提交国际中心。

(3)提交数据周期。提交数据周期逐步缩短,现已经由原来的不定期改为季度,又缩短为月度。明显提高了时效性。

第四章　ISSN 中国国家中心 ISSN 分配

ISSN 国际中心负责向各国家中心分配 ISSN 号段。每个国家中心接收到限定的号段并按顺序使用每个号段中的 ISSN，一个号段完全用完之后再使用新的号段。

为全面系统掌握 ISSN 中国国家中心历年来的 ISSN 分配注册情况，对 ISSN 原始注册登记簿所记录的 ISSN 分配情况分门别类进行了详细统计，并与数据库数据核对，最终形成几个统计结果列表，包含不同载体、不同文种（外文及少数民族语文）、不同号段 ISSN 分配情况，以及待补数据的 ISSN 号、已注销或为空的 ISSN 号，所分配的连续性资源分属类别（依《中国图书馆分类法》22 个基本大类）等。该项摸清家底的具体、务实的统计工作非常重要也很必要。

第一节　不同文种/不同载体 ISSN 分配情况

一、按文种统计 ISSN 分配情况

中文为主体，占总量的 93.86%。如表 4－1 所示。

表 4－1　不同文种 ISSN 分配情况

文种	中文	盲文	外文	民语	语种不详	合计总量
ISSN（个）	14 958	1	751	223	4	15 937

二、按载体统计 ISSN 分配情况

印刷版为主体，占总量的 98.41%。如表 4－2 所示。

表 4－2　不同载体 ISSN 分配情况

载体	光盘版/电子版	网络版	印刷版	合计总量
ISSN(个)	213	40	15 684	15 937

三、历年不同文种 ISSN 分配情况

多年以来,ISSN 中国国家中心已为 30 余种文字的连续性资源分配了 ISSN,文种包括:中文、盲文、法文、葡萄牙语、西班牙语、意大利语、德文、英文、罗马尼亚文、瑞典语、斯洛文尼亚语、拉丁文、阿拉伯文、斯瓦希利语、藏文、蒙古文、哈萨克文、维吾尔文、彝文、壮文、柯尔克孜文、乌尔都文、印地文、印尼语、泰文、老挝语、缅文、柬埔寨文、越南文、朝鲜文、韩文、日文、俄文。

除中文外,英文数量最多,为 656 个,其次是维吾尔文 75 个、蒙古文 61 个、哈萨克文 37 个、法文 33 个、藏文 32 个、朝鲜文 14 个,日文 13 个,其余文种均在 10 个以下。如表 4－3 所示。

表 4－3　不同文种 ISSN 分配情况　　(单位:个)

时间(年) 文种	1990 前	1990	1991	1992	1993	1994	1995	1996
中文	3069	382	2134	556	677	903	553	377
盲文			1					
法文	15		1		1		1	2
葡萄牙语	1		2					
西班牙语	4		2					
意大利语	1							
德文	6		1					
英文	193	15	55	23	19	19	22	30
罗马尼亚文	1							

续表

时间(年) 文种	1990 前	1990	1991	1992	1993	1994	1995	1996
瑞典语	1							
斯洛文尼亚语	1							
拉丁文	1							
阿拉伯文					1			
斯瓦希利语	1							
藏文			9	2	5	3	1	
蒙古文			22	3	1	4	8	4
哈萨克文			17	3	1	2		
维吾尔文			23	2	3	4		3
彝文								1
壮文								
柯尔克孜文			1	1				
乌尔都文					1			
印地文					1			
印尼语	1							
泰文								
老挝语								
缅文								
柬埔寨文								
越南文								
朝鲜文					2	1		
韩文								
日文	7		1				1	
俄文	3		1		1			

时间(年) 文种	1997	1998	1999	2000	2001	2002	2003	2004
中文	274	624	764	594	621	602	487	356
盲文								
法文		3	1		3			1
葡萄牙语								
西班牙语		2						1
意大利语								
德文								
英文	5	7	7	9	14	14	22	14
罗马尼亚文		1						
瑞典语								
斯洛文尼亚语								
拉丁文								
阿拉伯文								
斯瓦希利语								
藏文				1		2	2	
蒙古文	3	3	1	2	4			
哈萨克文			2	2	2	3		
维吾尔文	2	3	5	7	5	2	4	
彝文								
壮文								1
柯尔克孜文								
乌尔都文								
印地文								
印尼语								

续表

时间(年) 文种	1997	1998	1999	2000	2001	2002	2003	2004
泰文						1		
老挝语								
缅文					1			
柬埔寨文								
越南文						1		
朝鲜文				1	2			
韩文						1		2
日文								2
俄文			1		1		1	

时间(年) 文种	2005	2006	2007	2008	2009	2010	2011
中文	351	337	275	336	267	236	183
盲文							
法文	4			1			
葡萄牙语							
西班牙语							
意大利语							
德文				1			
英文	46	30	6	25	25	31	25
罗马尼亚文							
瑞典语							
斯洛文尼亚语							
拉丁文							

续表

文种 \ 时间(年)	2005	2006	2007	2008	2009	2010	2011
阿拉伯文							
斯瓦希利语							
藏文			2		1	3	1
蒙古文	3			1	1		1
哈萨克文	2		1	1	1		
维吾尔文	3	1		4	2	1	1
彝文							
壮文							
柯尔克孜文							
乌尔都文							
印地文							
印尼语							
泰文							
老挝语	1						
缅文							
柬埔寨文							1
越南文							
朝鲜文	2	3	1		1	1	
韩文			1				
日文					1	1	
俄文							

四、历年 ISSN 分配总数

ISSN 分配最多的年份为 1991 年，已经超过 2000 个；有 10 个年份均超过 500 个；有 12 个年份少于 500 个，最少的年份为 200 余个。如表 4－4 所示。

表 4－4　历年 ISSN 分配总数

时间(年)	1990 前	1990	1991	1992	1993	1994	1995	1996
ISSN(个)	3309	397	2270	590	713	936	586	417
时间(年)	1997	1998	1999	2000	2001	2002	2003	2004
ISSN(个)	284	643	781	616	653	626	516	377
时间(年)	2005	2006	2007	2008	2009	2010	2011	
ISSN(个)	412	372	286	369	299	273	212	

第二节　不同号段 ISSN 分配情况

ISSN 中国国家中心依据 ISSN 国际中心分配的号段，按顺序分配 ISSN。

号段依次为：0001—0583、1000－、1001－、1002－、1003－、1004－、1005－、1006－、1007－、1008－、1009－、1671－、1672－、1673－、1674－、2095－、2096－、2097－、2098－、2099－、其他。不同号段的各个文种连续性资源 ISSN 分配情况如表 4－5 所示。

表 4－5　不同号段 ISSN 情况　（单位：个）

号段	2095－	1671－	1672－	1673－	1674－
总数	338	998	999	996	1000
中文	284	957	945	891	914

续表

号段	2095 -	1671 -	1672 -	1673 -	1674 -
盲文					
法文		3		5	1
葡萄牙语					
西班牙语				1	
意大利语					
德文					1
英文	48	21	39	81	63
罗马尼亚文					
瑞典语					
斯洛文尼亚语					
拉丁文					
阿拉伯文				1	
斯瓦希利语					
藏文	2	2	2	1	4
蒙古文	1	4		3	2
哈萨克文		2	2	2	3
维吾尔文	1	4	5	4	7
彝文					
壮文				1	
柯尔克孜文					
乌尔都文					
印地文					
印尼语					
泰文		1			
老挝语				1	
缅文					

续表

号段	2095 –	1671 –	1672 –	1673 –	1674 –
柬埔寨文	1				
越南文			1		
朝鲜文	1	2		5	2
韩文		1	2		1
日文			2		2
俄文		1	1		

号段	1009 –	1008 –	1007 –	1006 –	1005 –	1004 –
总数	999	997	996	992	996	989
中文	964	979	924	949	956	921
盲文						
法文		1	5	1		1
葡萄牙语						
西班牙语		2				
意大利语						
德文						
英文	13	6	45	27	22	38
罗马尼亚文			1			
瑞典语						
斯洛文尼亚语						
拉丁文						
阿拉伯文					1	
斯瓦希利语						
藏文	1		1	3	5	3

续表

号段	1009 -	1008 -	1007 -	1006 -	1005 -	1004 -
蒙古文	2	3	14	6	1	9
哈萨克文	5			1	2	6
维吾尔文	12	5	5	3	4	10
彝文			1			
壮文						
柯尔克孜文						1
乌尔都文					1	
印地文					1	
印尼语						
泰文						
老挝语						
缅文	1					
柬埔寨文						
越南文						
朝鲜文	1			1	2	
韩文						
日文				1		
俄文		1			1	

号段	1003 -	1002 -	1001 -	1000 -	0001 - 0583	其他
总数	995	994	996	994	599	1059
中文	963	913	968	927	518	985
盲文	1					
法文	1			8	5	2

续表

号段	1003 -	1002 -	1001 -	1000 -	0001 - 0583	其他
葡萄牙语	1	1				1
西班牙语	2			3		1
意大利语				1		
德文	1			2		4
英文	21	29	28	46	72	57
罗马尼亚文				1		
瑞典语				1		
斯洛文尼亚语						
拉丁文						
阿拉伯文						
斯瓦希利语				1		
藏文		8				
蒙古文		16				
哈萨克文	4	10				
维吾尔文		15				
彝文						
壮文						
柯尔克孜文		1				
乌尔都文						
印地文						
印尼语						
泰文						
老挝语						
缅文						

续表

号段	1003 -	1002 -	1001 -	1000 -	0001 - 0583	其他
柬埔寨文						
越南文						
朝鲜文						
韩文						
日文		1	3			1
俄文	1		1			

第三节　各类别连续性资源 ISSN 分配情况

为已获得 ISSN 的连续性资源建立的书目数据，在 690 字段著录了连续性资源所属学科类别。根据《中国图书馆分类法》22 个基本大类于 2009 年对 ISSN 中国国家中心数据库 CNMARC 数据 690 字段进行抽取，得出初步统计结果如下：

F 类（经济）、G 类（文化、科学、教育、体育）、R 类（医药、卫生）、T 类（工业技术）、Z 类（综合性图书）连续性资源均超过 1000 种。

C 类（社会科学）、D 类（政治、法律）、H 类（语言、文字）、I 类（文学）、J 类（艺术）、K 类（历史、地理）、N 类（自然科学）、O 类（数理科学和化学）、P 类（天文学、地球科学）、Q 类（生物科学）、S 类（农业科学）、U 类（交通运输）、X 类（环境科学、安全科学）连续性资源均超过 100 种。

A 类（马克思主义、列宁主义、毛泽东思想、邓小平理论）、B 类（哲学、宗教）、E 类（军事）、V 类（航空、航天）连续性资源为 100 种以下。

表 4－6　各类别连续性资源 ISSN 分配情况

基本大类	A	B	C	D	E	F
ISSN(个)	14	75	701	847	49	1298
基本大类	G	H	I	J	K	N
ISSN(个)	1197	116	601	316	298	260
基本大类	O	P	Q	R	S	T
ISSN(个)	200	369	167	1256	622	2264
基本大类	U	V	X	Z		
ISSN(个)	232	75	152	2064		

第五章　业务建设与研究

第一节　加强数据库建设

与国家图书馆中文报刊采编组（以下简称“中刊组”）通过互相开放数据访问权限实现较好的合作，在日常工作中参考其连接馆藏的书目数据，不断完善着ISSN中国国家中心的数据库，进一步提升了书目数据的质量。

ISSN中国国家中心数据与馆藏中文期刊数据的相同之处在于两套数据有一部分重合的编目对象，即获得ISSN的中文期刊或与这类刊物存在连接关系的期刊，但两套数据由于机构职能不同、所需遵循的标准不同、发展历史不同而存在显著差异。通过对比两套数据，明确了ISSN数据与馆藏中文期刊数据存在的共性与个性，以及ISSN数据与馆藏中文期刊数据可以加强合作的方面。

一、两套数据涵盖范围不同

机构职能范围决定ISSN数据与馆藏中文期刊数据涵盖范围存在显著差异。ISSN中国国家中心负责给在中国出版的连续性资源分配ISSN并建立相应的书目数据送交ISSN国际中心数据库。我国新闻出版管理方面实行审批制，ISSN中国国家中心受理获得新闻出版管理部门批准的连续性资源的ISSN申请和数据管理工作。因此，ISSN数据涵盖获得新闻出版管理部门批准的各语种、各载体的连续性资源。例如：公开出版发行的中外文期刊数据、少数民族语言期刊数据、年鉴、连续出版的光盘版、网络版期刊数据及应国际中心要求补号的回溯性数据等。

中刊组负责贯彻国家图书馆“中文求全”的采访原则,依托缴送和购买,最大范围地采访和保存国内出版的中文期刊。因此,中文期刊数据除含公开出版的刊物数据外,还涵盖“内部资料”、“通讯”等性质的非正式出版物和未公开发行的连续出版物,以及民国期刊等回溯数据。

两套数据涵盖范围对比:

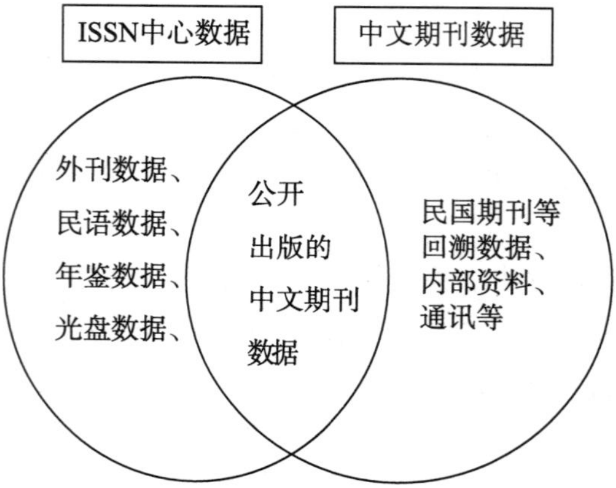

图 5－1　两套数据涵盖范围对比

二、两套数据字段差异及差异形成的根本原因

两套数据依据不同的标准,服务于不同的用户,导致具体著录字段存在较大差异。中文期刊数据主要用于揭示馆藏、服务采访、提供读者检索查询等,使用 CNMARC 格式。ISSN 中国国家中心数据服务于 ISSN 管理,包含一套 CNMARC 本地数据和一套罗马化的 ISSN MARC 数据。其中,本地数据用于记录 ISSN 分配及管理,ISSN MARC 数据用于提交国际中心数据库, 以 ISSN 书目产品的形式,在全球范围内提供用户使用。

ISSN 本地数据虽然与馆藏中文期刊数据遵循基本一致的著录规

则，但是，为了服务于罗马数据转换，方便国际用户使用，ISSN 本地数据包含一些特有字段。ISSN MARC 数据依据《ISSN 手册》编目，著录规则与 ISBD(CR)和 AACR2 等国际编目标准和编目规则基本一致。然而，ISSN 中国国家中心的特殊性在于中心除了遵循国际和国内的编目规则之外，还需要遵循中国期刊出版管理规定，与国内出版管理的审批制相协调。因此，ISSN 数据对"一号多刊"的处理以及对题名的认定与馆藏中文期刊数据存在明显差异。

1. 服务用户——ISSN 中国国家中心 CNMARC 数据特有字段

表 5-1　ISSN 中国国家中心 CNMARC 数据特有字段

字段	著录内容	用途
重复 210$c	出版发行者的英文名称	用于提交 ISSN 国际中心数据库，英文名称对国际用户更有检索使用意义
300	批准创办或停刊的文号及文号主要内容	为 ISSN 中国国家中心及中刊组人员的数据求证工作提供参考信息
451	同一载体的其他版本	按照《ISSN 手册》要求，连接不同语种的连续性资源
452	另一载体的其他版本	按照《ISSN 手册》要求，连接不同载体的连续性资源
530	识别题名	按照《ISSN 手册》要求，给出每种连续出版物识别题名
676	DDC 分类号	按照《ISSN 手册》要求，用于提交 ISSN 国际中心数据库
重复 711$a	主办单位英文名称	用于提交 ISSN 国际中心数据库，英文名称对国际用户更有检索使用意义
802	ISSN 中国国家中心代码	记录为该资源分配 ISSN 及识别题名的 ISSN 中国国家中心

2. 实现图书馆功能——中刊有而 ISSN 中国国家中心无的字段

表 5－2　中刊有而 ISSN 中国国家中心无的字段

字段	著录内容	用途
011$d	价格	服务采访
327	内容附注	揭示馆藏、服务读者
701	主编等个人名称	揭示馆藏、服务读者
852	挂接单册	馆藏管理

3. 出版审批制——ISSN 数据编目视角的特殊性

审批制造成的编目视角差异是制约 ISSN 中国国家中心与中刊组深度合作的主要原因。ISSN 的管理与国内出版管理机构的出版管理政策相衔接。目前国内期刊出版管理采用审批制，实行总量控制。期刊公开出版发行必须获得新闻出版管理机构的批准。期刊只有获得国内出版的合法身份，才有资格申请国际刊号。

现实中，期刊变相多版化造成“一号多刊”的现象时有出现，主要表现在教辅、文化、知识、时尚类刊物上。

对此，1999 年新闻出版署颁发《关于严格期刊刊号管理问题的通知》（新出报刊[1999]1114 号），明确规定：“一号一刊，每期期刊只准许出版一种版本。”“不得使用一个期刊刊号出版两种或两种以上的期刊，也不得使用一个期刊刊号出版期刊的不同版本。”“期刊出版单位必须严格遵守国家有关出版管理规定，严禁转让、出卖或变相出卖期刊刊号。”即使如此，仍然有个别非规范出版现象出现。

（1）对“一号多刊”的处理方式差异

ISSN 中国国家中心严格按照相关管理规定和国际标准的要求，ISSN 只分配给已获得新闻出版总署（早期获得国家科委）批准公开出版发行的正规刊物，一号一刊，在配号之初就要求刊物按照规定正确使用 ISSN 并提供样刊，ISSN 中国国家中心在确认样刊正规的前提下给刊物颁发 ISSN 证书，并依据样刊建数据。

如果发现刊物有违规分版行为，ISSN 中国国家中心会及时提出并要求改正。对其违规导致的“一号多刊”，ISSN 数据只会认可该刊物申请 ISSN 时获得批准的刊名，以及与之相对应的 ISSN。一个 ISSN 严格对应一条数据，也正应如此，ISSN 中国国家中心数据库是查询中国连续性资源的出版及是否获得 ISSN“真实身份”的重要数据源。

而中刊组由于职能不同，为了期刊馆藏管理的实际需要，针对“一号多刊”的情况，在以下三种情况下采取了分别著录的方式，以便于连接单册。

- 正题名相同，版本不同，各个版本的出版频率不规范的期刊。
- 正题名相同，分辑题名不同而且内容相距甚远的期刊。
- 不同版本的开本尺寸不同，分开单独建数据，便于下架装订。

（2）题名与连接款目差异

因 ISSN 中国国家中心分配 ISSN 的刊物需要经过国家出版管理部门批准，所以在题名认定上，ISSN 数据的题名与批准文件中的题名相一致。

馆藏中文期刊数据对题名的认定则综合考虑编目规则下的题名认定顺序，以及下架装订的实际需求。因此，对同一种刊物，两套数据在题名著录方面存在一些差异。

职能不同，著录依据视角不同。ISSN 中国国家中心要贯彻 ISO 3297 国际标准和国家出版管理规定，为获批出版的国内期刊提供国际通用的唯一标识符，中刊组要有效保存和揭示期刊馆藏，因此在对待“一号多刊”问题上采取了不同的处理方式，此种不同会导致“一号多刊”的期刊数据在题名、刊号、连接款目和出版频率等字段都呈现出差异。这种差异也是制约 ISSN 中国国家中心与中文期刊数据整合的主要原因。

三、从业务流程解析数据更新

1. ISSN 中国国家中心数据建立流程解析

ISSN 数据和馆藏中文期刊数据建立流程的差异导致两套数据在

更新程度和更新质量上存在差异。ISSN 数据依据第一期样刊建数据，按照最后一期样刊做停刊，同时与新闻出版总署等有关出版管理部门的批复文件进行核实，并将按规范出版（或违规出版）的情况准确著录于数据中。为了最大限度地规范 ISSN 的使用，连续出版物在 ISSN 中国国家中心申请 ISSN 后，需要提交样刊供审核。ISSN 中国国家中心审核确认该刊物已正确使用 ISSN 后，会颁发 ISSN 证书，然后才为该刊物建立书目数据并送国际中心数据库。

虽然 ISSN 证书上印有定期向 ISSN 中国国家中心缴送样刊以便数据更新的要求，然而实际上，按规定缴送的刊物不到十分之一，全面催缴人力不足，只能集中催缴一部分。所以，ISSN 更新数据的主要参考信息源是：申请 ISSN 时提交的批文中提及的更名信息，新闻出版总署抄送的批文中提及的刊物出版频率、主办单位、出版单位等变更信息，所缴送的样刊上的出版信息。ISSN 中国国家中心通过参考以上信息或者其他图书馆书目数据和馆藏数据进行最终的数据更新。

2. ISSN 中国国家中心少量数据更新滞后问题

少量 ISSN 数据的更新相对滞后。更新包含两个环节，一是接收样刊对本地数据进行更新。二是转换成罗马数据提交国际中心数据库进行更新。第一个环节的滞后主要原因是 ISSN 预先申请后迟迟不缴送样刊，一方面是催刊需要时间，另一方面是违规出版的刊物规避与 ISSN 中国国家中心的联系，对催刊工作消极配合。虽然 ISSN 中国国家中心积极干预，但要求刊物从违规到正规出版仍然需要经历漫长的过程，特别是著录数据时还需要梳理和鉴别其违规出版期间的信息，诸多此类因素导致了 ISSN 中国国家中心数据更新的滞后。第二个环节的滞后受制于系统。

ISSN 中国国家中心目前的数据更新办法是为新刊物建数据的同时，以新刊物批文提及的旧刊更名信息为线索，通过催缴、查找、要求出版机构申请 ISSN 时提供更名前刊物的最后一期。依此更新前刊数据后，再转换为罗马化数据送国际中心。

之所以采取目前这种工作方式，ISSN 中国国家中心也经过了多方面的设想求证。如果要想全面更新数据，涉及多种现实问题。

(1) ISSN 中国国家中心通过全面催刊更新数据

如果全面催刊，初步估计需要催缴的中外文刊物 1 万余种，其中包括年刊、半年刊、月刊、半月刊、旬刊、周刊及各种违规“一号多刊”的出版频率和版本待定刊物，此外还有光盘版、网络版连续出版物 100 余种，少数民族语文期刊 200 余种，小语种期刊几十种。限于现有人力条件，ISSN 中国国家中心选择了采取重点催缴没有换取证书的刊物及非规范出版的刊物，以建立和更新数据。

(2) ISSN 中国国家中心根据中刊数据更新数据

要进行此项工作首先需要对 ISSN 中国国家中心数据进行梳理，去除如前文所述种种原因与馆藏中文期刊数据有差异的数据，才能确定能实现套录更新的数据量。存在差异的数据需要分类处理，可能涉及查阅馆藏、催缴刊物、数据回溯等多项环节，其工作量和难度较大，需要分期完成。

在有太多深层次差异的基础上整合难度较大，采取参考相应数据的方式比较可行。

四、ISSN 中国国家中心自身发展历史形成的格式差异

ISSN 中国国家中心数据编目虽然依据的是统一的著录规则，但由于不同时期指导思想不同、数据库系统不同、数据经历了手工回溯阶段等历史原因，数据格式呈现阶段性差异。

1990—2002 年 ISSN 数据并列分册题名格式与中刊数据不同

1. ISSN 数据无并列题名 510 字段，中刊数据有 510 字段

两套数据格式(部分字段)对比：

表 5－3　两套数据格式（部分字段）对比

ISSN 数据	中刊数据
011##$a1671-8240	011##$a1671-8240
2001#$a 科学消费 $dScientific Consumption$zeng	2001#$a 科学消费 $dScientific Consumption$zeng
无	5101#$aScientific Consumption$zeng

2. ISSN 数据英文并列分册题名著录不使用 $i，而使用“.”

两套数据格式（部分字段）对比：

表 5－4　两套数据格式（部分字段）对比

ISSN 数据	中刊数据
2001#$a 吉林大学学报 $i 工学版 $dJournal of Jilin University. Engineering and Technology Edition$zeng	2001#$a 吉林大学学报 $i 工学版 $dJournal of Jilin University$iEngineering and Technology Edition$zeng

特别提出的是，2002 年以后的 ISSN 数据在英文并列分册题名的著录格式上已经与中刊保持一致。

1990—2002 年以及 2008 年至今，ISSN 数据使用 802 字段，中刊使用 801 字段。

五、国外 ISSN 国家中心业务整合情况调研与经验借鉴

为了知己知彼，借鉴国外同行经验，ISSN 中国国家中心选取了一些有代表性的国家中心就其中心与所属图书馆业务整合的情况进行了问卷调查。共发放问卷 17 份，回收 10 份，有效问卷 9 份。三个开放式问题分别是：ISSN 国家中心编目是否与所属图书馆编目业务整合？ISSN 国家中心使用的是否是所属图书馆的集成系统？ISSN 国家中心是否使用 ISSN 在线编目系统 Virtua？

数据统计结果如下：

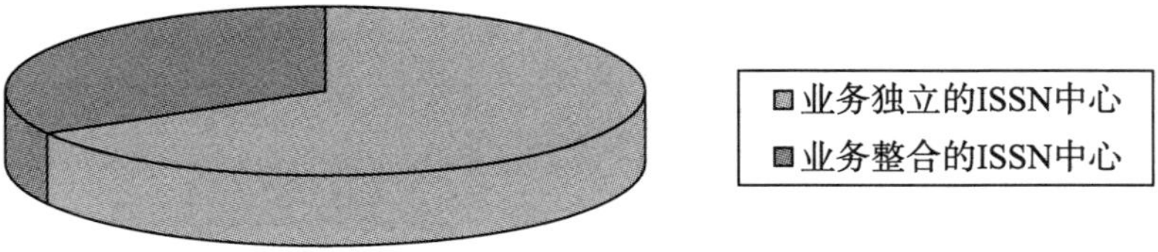

图 5－2　ISSN 国家中心与其所属图书馆编目部门业务整合情况

表 5－5　ISSN 国家中心与其所属图书馆编目部门业务整合问卷情况

国别	ISSN 编目与图书馆编目整合情况	ISSN 数据系统	国家图书馆系统	详情
挪威	不整合	TRIP	BIBSYS	
韩国	不整合	KOLIS	KOLIS	
波兰	不整合	MAK	INNOPAC	波兰文的 ISSN 本地数据保存在 MAK 中
瑞典	不整合	自主研发的系统	Voyager	ISSN 数据库是图书馆 IT 部门自主研发的，有在线申请 ISSN 功能。用户申请时填写的信息会自动进入数据库，成为 ISSN 临时数据，等待连续出版物编目员的校验。数据库属于内部系统，独立于图书馆的编目系统 Voyager 之外
捷克	不整合	Aleph 500（18 版）	Aleph 500（18 版）	ISSN 编目与国家图书馆编目业务是分开的，ISSN 数据库与图书馆 OPAC 连接的书目数据库也是分开的

续表

国别	ISSN 编目与图书馆编目整合情况	ISSN 数据系统	国家图书馆系统	详情
印度尼西亚	不整合	Virtua/Winisis	不详	印度尼西亚使用 ISSN 国际中心的在线编目系统 Virtua 对数据进行即时更新，使用 UNESCO 的 Winisis 系统保存 ISSN 本地数据。与印尼国家图书馆使用的系统不同
美国	整合	OCLC WorldCat/ Automated ISSN Register	Voyager ILS	美国 ISSN 国家中心业务与联合编目及国会图书馆编目传递业务高度整合、协同作业。本地库“Automated ISSN Register”，用于配号，记录 ISSN 及识别题名
加拿大	整合	AMICUS	AMICUS	加拿大 ISSN 国家中心是加拿大图书馆与档案馆的资源著录部连续出版物组的一个小单位。其 ISSN 工作与连续出版物组的编目高度整合。加拿大 ISSN 中国国家中心手工保存了给连续出版物分配了临时 ISSN 的纸质档案。当采访部采访了该连续出版物后，连续出版物组就对其编目，加拿大 ISSN 国家中心随后在书目数据上添加预申请的 ISSN 号和其他与 ISSN 有关的字段，然后通过 FTP 送往 ISSN 国际中心

续表

国别	ISSN 编目与图书馆编目整合情况	ISSN 数据系统	国家图书馆系统	详情
日本	整合	Electronic Library foundation System	Electronic Library foundation System	

从统计结果可以看出，由于各国发展情况不同和图书馆业务划分差异，ISSN 编目与其所属图书馆的书目数据业务整合或者分开的都有。无论从小范围问卷调查的结果判断，还是从 86 个国家中心的大致情况推算，在国家的绝对数方面，业务分离的占绝大多数。不过单纯从数量比较的意义不大，仔细分析各国业务流程，无论是业务是整合的还是独立的，都可以得出一些对 ISSN 中国国家中心有价值的信息。

1. 业务整合的必要条件

ISSN 数据涵盖的范围决定了 ISSN 编目要与高度整合的编目业务，即联合编目或者国家图书馆编目部放在一起。唯有如此，所有流程才能在一个整体的编目流程里进行梳理和协调。

在美国，ISSN 编目与联合编目流程整合在一起。美国的 ISSN 国家中心属于联合编目项目（PCC）的参与者（Participant）。当 ISSN 编目员在 WorldCat 里新建或更新数据后，数据会转出到国会图书馆的系统，国会图书馆员会在此系统中添加本地数据。数据通过国会图书馆编目传递服务（Cataloging Distribution Service）提供使用。同时，编目传递服务每周创建一个 FTP 文档，将美国分配的 ISSN 新建和更新数据送往 ISSN 国际中心。可见美国的 ISSN 编目及更新与美国联合编目以及国会图书馆的编目从流程到数据都高度整合。

在加拿大,ISSN 国家中心是加拿大图书馆与档案馆的资源著录部连续出版物组的一个小单位。连续出版物为组,编目为部的业务划分使 ISSN 编目的融合成为可能。加拿大 ISSN 国家中心没有单独的数据库。ISSN 编目业务与联合编目业务、加拿大图书馆与档案馆的编目业务高度整合。其 ISSN 国家中心使用的是联合编目业务的系统 AMICUS,只负责对加拿大图书馆与档案馆采访到的连续出版物添加 ISSN 字段。

在中国,另外一个不容忽视的必要情况是出版审批制。世界上大多数国家的期刊出版都是登记制,期刊只要出版即可免费申请 ISSN,无需审批。所以 ISSN 国家中心与图书馆面对的信息源基本一致,著录标准大体兼容,不会面临中国特有的诸多差异。

2. 数据整合的弊端

然而,业务整合的方式也有其弊端。以加拿大 ISSN 国家中心为例,中心有很多(原文为"thousands of")分配出去的临时 ISSN 号,从来没有在国际中心数据库注册,因为那些连续出版物有的从未出版或者不在加拿大图书馆与档案馆的采访范围内。

相比之下,ISSN 中国国家中心因为与国家的审批制步调保持一致,获得出版许可的连续性资源申请 ISSN 之后不出版的情况极少。ISSN 编目独立于国家图书馆连续性资源编目各科组业务之外,即使申请了 ISSN 号的连续性资源不在国家图书馆采访范围内,ISSN 中国国家中心也同样会催缴样刊,为其建立数据。

3. ISSN 国家中心使用的系统

在各国使用的系统中,捷克使用的 Aleph500(18 版)及印度尼西亚使用的 Virtua 最具启示意义。捷克的 ISSN 编目与国家图书馆编目业务是分开的,ISSN 数据库与图书馆 OPAC 连接的书目数据库也是分开的。捷克的经验说明 ISSN 国家中心在 Aleph500 里单开一个子库的可能性。

印度尼西亚使用的 Virtua 是 ISSN 国际中心推广的在线编目系

统。2009 年 ISSN 国家中心主任会议安排了系统使用培训，ISSN 国家中心的成员全程参加，对此系统比较了解。如果使用 Virtua 建 ISSN 数据，可以实时更新 ISSN 国家中心在国际中心数据库的数据。解决数据批量转换带来的滞后问题。Virtua 支持 UNICODE，可以处理中文等非拉丁语系文字。这也可简化工作流程，免除罗马数据因切词方式差异影响检索效果的问题，从而提高数据可用性。

据 ISSN 国际中心的统计，截至 2008 年 12 月 31 日，86 个 ISSN 国家中心中有 20 个国家已安装在线编目系统 Virtua，该数字 2006—2008 年呈逐年增长趋势。Virtua 用户和非 Virtua 用户的使用情况，如图 5 -3所示。

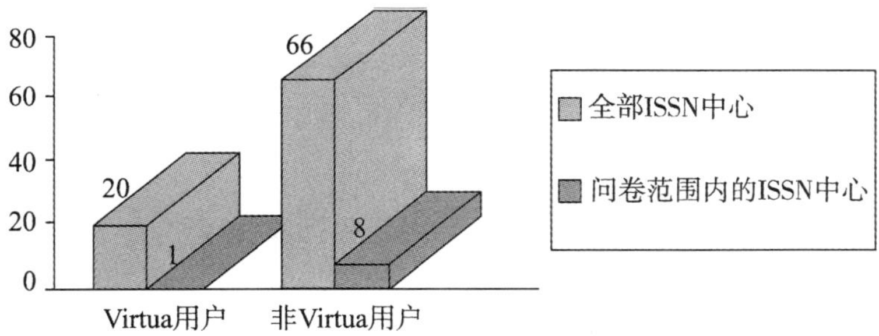

图 5 -3　Virtua 用户和非 Virtua 用户情况

六、加强合作，完善数据

1. 已开展的合作

(1)互相开放数据访问权限

国家图书馆中刊组可以通过固定用户访问 ISSN 中国国家中心的服务器，实时参考数据，此项业务合作对于中刊组在创刊信息的著录方面已切实起到辅助作用。目前 ISSN 中国国家中心已与中刊组多角度合作，中刊组的丹诚系统数据也对 ISSN 中国国家中心开放权限，在中刊数据导入 Aleph500 以前，ISSN 中国国家中心就能及时访问并参考。此举有利于提高双方数据信息的完整性。

(2)科组互动

ISSN 中国国家中心和中刊组保持着良好的业务合作关系。ISSN 中国国家中心一直接受中刊组就刊物信息提出的咨询,并及时向有关科组提供 ISSN 中国国家中心掌握的刊物信息。

(3)样刊互补

ISSN 中国国家中心用毕的样刊提供给中刊组补充馆藏。ISSN 中国国家中心在数据制作过程中若有催不到的样刊,也经常查用馆藏样刊。

2. 有待逐步开展的工作

(1)解决积压,完善数据库

少数民族语文期刊数据自从 ISSN 中国国家中心建立以来尚未批量送交过 ISSN 国际中心。待建数据的刊物积压且时间长,涉及罗马化标准多,这是今后的一项重要任务。

新闻出版总署批准的光盘版和网络版刊物,虽数量不多,但也需要逐步补全这类书目数据。

只有首先建立起相对完整的 ISSN 数据库,才能从整体把握 ISSN 数据与馆藏中文期刊数据的合作问题,研究诸如不同载体版本或不同语种版本的数据连接问题时才能有的放矢、系统高效。

(2)梳理数据,统一格式

根据与馆藏中文期刊数据的对比结果,ISSN 数据在不同历史发展阶段遗留下的格式问题需要得到修改。其中,1990—2002 年的并列题名格式需要修改,2003—2007 年的数据需要添加 802(ISSN 中国国家中心代码)字段,以提高 ISSN 数据的规范化。

(3)评估 ISSN 编目系统

需要对目前使用的丹诚系统进行评估,并考察满足 ISSN 数据需求的多个编目系统,尤其是对 Aleph500、Virtua 在线编目系统和丹诚系统升级版进行评估。

(4)加强数据维护

在互相开放丹诚数据库访问权限的基础上,ISSN 组尝试增加套录中刊组更新的数据信息,并在丹诚 999 字段记录数据更新的时间信息以作为下一次更新的参考等。

近几年,与中刊数据合作继续深入开展。在日常工作中重视落实,取得了良好效果。

七、逐步开展的建设

1. 数据编目不断规范

规范 CNMARC 格式 2 字段著录。遵照客观著录原则,200$d 不再著录"该刊编辑部"等,210$c 不再著录"该刊出版社"等。同时 210$a 除省会城市外的出版地均增加省份信息。

规范 CNMARC 格式正题名与识别题名的著录。530 字段著录原文种识别题名,不再用罗马化识别题名替代。

总之,经过规范,数据质量不断提升。

2. 补送光盘版及网络版数据

光盘版、网络版载体特殊,书目数据制作滞后,有些遗留问题。目前正逐步完善这一部分。进行了收集、整理光盘版、网络版申请资料及样刊样盘的工作;着手整理光盘库数据,将数据整合到完整库,补建、补送罗马化数据。涉及需重点注意的具体方面有:头标区改为"nls"、100 字段"0110"、106 字段"$z"、增加 135 字段等。由于有些信息须读盘后确定,不但费时还需有相应设备的支撑,所以只陆续整理了部分数据。

3. 建立数据统计

经过对业务流程的细致梳理,反复筛选后确定了统计项目,从 2009 年起建立 ISSN 中国国家中心数据统计,做到统计数据真实、准确。分别按月累计、年累计统计,统计涵盖内容如下:

- ISSN 中国国家中心数据库统计：月度新建/更新的数据量、数据库年累计、数据库总累计；
- 咨询：国内、国际电子邮件咨询、电话咨询等；
- 办理 ISSN：审核 ISSN 申请材料、分配 ISSN、办理 ISSN 证书情况；
- 数据制作与维护：核对刊物、新建/更新 CNMARC 数据、新建/更新罗马化数据情况；
- 数据提交：罗马化数据提交国际中心数据情况。

对 ISSN 工作来讲，数据统计就是 ISSN 各项业务工作的真实反映和最好记录。是决策、规划、制度制定的科学依据，也是资源组织、改善管理、提高工作效率的前提。从长期来看，统计数据记录了 ISSN 工作的整体发展状况。

第二节　向 ProQuest 公司提供罗马化数据

ISSN 中国国家中心数据对外开放的形式根据用户对象不同而有所不同。开放途径除开放服务器访问权限和网页发布外，还向 ProQuest 公司提供罗马化数据。

一、开放服务器访问权限

通过对国家图书馆中、外文报刊采编组开放访问权限，实现实时访问 ISSN 中国国家中心的服务器，参考 ISSN 中国国家中心数据。

二、网页发布

将已注册 ISSN 的连续性资源以列表形式公布于国家图书馆网站 ISSN 中国国家中心网页，供出版机构及读者按识别题名和 ISSN 等项目查询。网址：http://www.nlc.gov.cn/newissn/cxissn/

三、提供罗马化数据给 ProQuest 公司

将 ISSN 罗马化的数据定期提供给 ProQuest 公司，用于该公司下属鲍克（Bowker）出版社出版的乌利希网（Ulrichweb. com）和《乌利希期刊指南》（Ulrich's Periodicals Directory）。其中向 ProQuest 公司提供的罗马化数据的用户范围是全球性的，不同国家或地区使用不同语言的用户都可根据需要进行查询，这可谓是为中国出版的连续性资源走出去开辟的又一个重要渠道。

1.《乌利希期刊指南》

《乌利希期刊指南》是著名的报刊目录，在全世界享有广泛声誉。其网络版收录的连续出版物不仅数量多而且更新快，检索方式包括快速检索与高级检索两种，可以按照 ISSN、关键词、学科主题、刊名、刊名关键词等快速查找，也可以按照学科主题、ISSN 或 CODEN 码、出版国别、语种、等多种方式浏览。该指南可以用于查找和期刊有关的各类问题，如期刊刊名的变更情况，期刊被文摘索引数据库收录的情况等等。《乌利希期刊指南》是全球权威性的期刊书目数据库，收录了 200 多个国家 29 万种期刊的书目数据。

2. 数据元素及内容

所提供数据元素及内容。ISSN 中国国家中心定期向 ProQuest 公司提供一份 EXCEL 格式的文件，文件包括以下几项内容：

- ISSN
- 识别题名（拉丁字符）
- 识别题名（英文）
- 城市（中国）
- 出版发行者（拉丁字符）
- 出版发行者（英文）
- 出版状态（起/止）
- 出版频率

- 文种
- 曾用名
- 曾用 ISSN
- 变更后的题名
- 变更后的 ISSN

3. 提供数据情况

首先,按照与对方多次磨合后确定的数据元素与数据格式,为 ProQuest 公司提取 ISSN 中国国家中心数据库全部数据,再进行数据整合,整个过程中涉及了较大数据量。第一批数据 1 万余条,逐条对转换为 EXCEL 格式后发现的重数据、问题数据进行了比对和修改。2008 年第一季度提供包括原总库数据共 12 854 条,后三个季度分别提供数据(新建和更新)148 条、185 条和 171 条。2009 年提供数据(新建和更新)699 条,2010 年提供数据(新建和更新)650 条,2011 年提供数据(新建和更新)649 条,2012 年提供数据(新建和更新)1338 条。

第三节　与业务相关的标准与规则

为使 ISSN 网络更好运转,保证 ISSN 注册数据库数据的标准化和一致性,在各 ISSN 国家中心采用共同遵守的标准和通用规则是至关重要的。ISSN 网络积极与国际标准化组织第 46 技术委员会(ISO/TC46)合作,开展与 ISSN 有关的标准化工作,此外也积极参与国际图书馆协会联合会(IFLA)和其他国际组织的标准化活动。

一、ISSN 网络采用的标准与规则

- ISO 4:1997 信息和文献——题名词和出版物题名的缩略规则;
- ISO 9:1995 信息和文献——西里尔文字音译为拉丁文字—斯

拉夫文字和非斯拉夫文字；

- ISO 233—2:1993 信息和文献——阿拉伯文字音译为拉丁文字—第二部分:阿拉伯语言简单音译；
- ISO 259—2:1994 信息和文献——希伯来文字音译为拉丁文字—第二部分:希伯来语言简单音译；
- ISO 639—2:1998 语言名称代码——第二部分:字母表3 代码；
- ISO 646:1991 信息技术——ISO 7 信息转换用 7 位编码字符集；
- ISO 843:1997 信息和文献——希腊文字转换为拉丁文字；
- ISO 2709:1996 信息转换格式；
- ISO 3166—1:1997 国家和地区代码——第一部分:国际代码；
- ISO 3166—1:2006 国家和地区代码——第一部分:国际代码；
- ISO 3297:1998 信息和文献——国际标准连续出版物号码(ISSN)；
- ISO 3297:2007 信息和文献——国际标准连续出版物号码(ISSN)；
- ISO 3602:1989 文献——日文罗马化(假名文字)；
- ISO 5426:1983 书目数据交换中拉丁字母代码文字的范围；
- ISO 7098:1991 信息和文献—— 中文罗马化；
- ISO 9984:1996 信息和文献—— 乔治亚文字音译拉丁文字；
- ISO 9985:1996 信息和文献——亚美尼亚文字音译拉丁文字；
- ISBD(CR), 连续出版物和其他连续性资源的国际标准书目描述 München:Saur, 2002；
- ISBD(ER),电子资源的国际标准书目描述 München:Saur,1997；
- 连续出版物和其他连续性资源题名词缩略一览表——巴黎:ISSN 国际中心,2003；
- MARC 语言代码——美国国会图书馆,2000 年版；
- MARC 21 书目数据格式——美国国会图书馆,加拿大国家图

书馆,1999 年版;

- ISO 3166—1:1997 国家及其地区代码——第一部分:国家代码,等等。

二、民语及小语种罗马化数据标准

ISSN 中国国家中心 ISSN 各项工作需要依据相关国际标准、行业标准或国家标准。近年来,针对具体业务,开展了有关标准的学习和研究工作,其中民语及小语种连续性资源罗马化数据制作标准是其中一项内容。

1. ISSN 中国国家中心民语期刊注册情况

(1)ISSN 中国国家中心民语数据罗马化现状

根据国家图书馆档案资料记载,ISSN 中国国家中心早在 1986 年度工作汇报中就提出将少数民族语言数据罗马化这一问题。然而,多年来,由于文字转换困难等原因,民语数据罗马化一直未能实现。

ISSN 国际中心数据库中所有中国内地连续出版物数据都依赖于中国国家中心的传送,根据国际中心要求,所有传送国际中心的非拉丁字符都必须罗马化。由于 ISSN 中国国家中心留存民语期刊数据尚未实现罗马化,由此造成国际中心数据库至今还没有 ISSN 中国国家中心的民语刊物数据。

(2)ISSN 中国国家中心民语及小语种刊物情况统计

①刊物统计前期准备工作。

a. 整理与核对留存刊物。由于 ISSN 中国国家中心留存的大多数民语刊物创办时间早,信息不全,不确定因素多,为了确保今后罗马化数据的精准,将留存的民语样刊集中到一起,并与“工作记录单”、原始登记本及国家图书馆馆藏民语书目数据进行了详细核对。

b. 建立民语复本库。将 CNMARC 数据库中民语数据复制到备份民语库,从罗马化数据库(ISSN MARC)中提出未送国际中心的“不完整”数据复制到备份民语库。

②统计内容与结果。

为了最大限度获取信息以备数据转换时参考，按如下十二个项目对留存刊物作了统计，即：ISSN、刊名、文种、申请表中创刊年、申请日期、发证日期、版权页是否有中文、是否有汉文并列题名、是否已建过数据、国家图书馆民语数据库是否有、可参考的国家图书馆民语数据字段、可参考的相似记录。

经统计，截止到统计工作完成时（2009 年 11 月）ISSN 中国国家中心留存少数民族语言期刊共 197 种，其中维文 66 种，蒙文 58 种，哈萨克文 34 种，藏文 25 种，朝文 11 种，柯尔克孜文 2 种，彝文 1 种。另有其他小语种期刊共 11 种，在这些语言中除越南文（本身已是拉丁字母）外，其余文种都涉及进行罗马化问题。

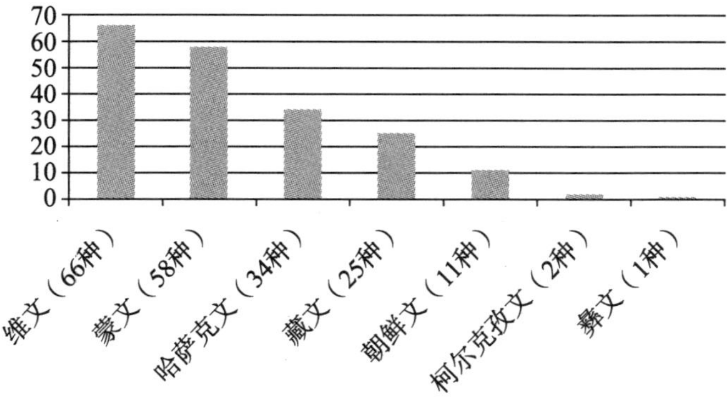

图 5－4　民语各文种期刊数量分布

表 5－6　小语种期刊统计情况表

语种	数量（份）
俄文	3
日文	2
印地文	1

续表

语种	数量(份)
乌尔都文	1
泰文	1
老挝文	1
缅甸文	1
越南文	1

2. 民语罗马化的标准

(1)国内的罗马化标准

少数民族语地名汉语拼音字母音译转写法是国内通用的民语拉丁化标准之一,此标准由中华人民共和国测绘总局和中国文字改革委员会于 1976 年修订,主要用途如下:

- 作为用汉语拼音字母拼写少数民族语地名标准。
- 作为地图测绘工作中调查记录少数民族语地名的记音工具。
- 作为汉字音译少数民族语地名定音和选字的主要依据。
- 为按照字母顺序统一编排我国地名资料和索引提供便利条件。

这一方案针对藏、维、蒙三种少数民族语言文字如何罗马化作出了详细规定。然而,由于此方案主要是针对少数民族地名的转写,还不完全适用 ISSN 中国国家中心数据。

(2)ISSN 国际中心采用的罗马化标准

《ISSN 手册》对非拉丁字符的罗马化作出了以下规定:

- 所有非拉丁字符数据在传送给国际中心之前必须被罗马化。
- 非拉丁字符的罗马化应依据国际标准化组织(ISO)所设立的相关标准,如国际标准化组织没有相关标准则可采用其他国际通行的标准。
- 非拉丁字符被罗马化后可以保留相应的注音符号,对中文而言则可以保留汉语拼音声调。
- 在 ISSN 国际中心推行的在线编目系统 ISSN Virtua 中已部分

实现原文著录,但仅限于该系统的880字段。

经过在国际标准化组织(ISO)网站的查询并与ISSN国际中心多次交流民语罗马化问题,当前国际标准化组织(ISO)尚未设立关于藏、托忒蒙文(旧蒙文)、维文等文字罗马化的标准。而在实际工作中,ISSN国际中心对藏、维、蒙、朝等文字罗马化所使用标准情况如表5-7所示。

表5-7　ISSN国际中心相关语种罗马化标准使用情况表

文种	使用的ISO标准	使用其他通用标准
藏文	尚未确立	美国国会图书馆藏文罗马化标准
西里尔蒙文(新蒙文)	采用ISO 9:1995(西里尔字母罗马化标准1995最新版)	未使用其他标准
托忒蒙文	尚未确立	美国国会图书馆蒙文罗马化标准
维文	可借用ISO 233—2(阿拉伯字符拉丁化),但不能完全满足需要	美国国会图书馆维文罗马化标准
朝文	ISO/TR 11941:1996	未使用其他标准
哈萨克文(西里尔字符)	尚未确立	国际中心现用标准
哈萨克文(阿拉伯文字符)	尚未确立	国际中心现用标准
柯尔克孜文(西里尔字符)	尚未确立	国际中心现用标准
柯尔克孜文(阿拉伯文字符)	尚未确立	国际中心现用标准
俄文	ISO 9:1995	未使用其他标准
日文	ISO 3602:1989	未使用其他标准
印地文	尚未确立	美国国会图书馆印地文罗马化标准

续表

文种	使用的 ISO 标准	使用其他通用标准
乌尔都文	尚未确立	采用美国国会图书馆乌尔都文罗马化标准
泰文	ISO11940—2:2007	未使用其他标准
缅甸文	尚未确立	美国国会图书馆缅甸文罗马化标准
老挝文	尚未确立	美国国会图书馆老挝语罗马化标准

由上表可见,ISSN 国际中心在罗马化时首先选用的是国际标准化组织(ISO)制定的标准,在 ISO 没有创建相关标准的情况下主要是采用美国国会图书馆的罗马化标准。

表 5－8　美国国会图书馆罗马化方案部分涵盖语种一览表

中文	阿拉伯文	日文
韩文	俄文	藏文
维文	蒙文	乌尔都文
缅甸文	泰文	印地文

资料来源:美国国会图书馆网站　http://www.loc.gov/catdir/cpso/roman.html

(3)其他 ISSN 国家中心使用标准

除了咨询国际中心外,还对加拿大、挪威等国的 ISSN 国家中心进行了问卷调查,回复结果如下:接受调查的国家中心非拉丁字符罗马化基本采用和国际中心相同的标准,即:在没有 ISO 标准的情况下,首要选用美国国会图书馆罗马化标准处理非拉丁字符。

(4)特殊案例

朝鲜语罗马化标准的使用情况较为特殊。朝鲜语的罗马化,ISSN 国际中心选用国际标准化组织(ISO)的罗马化方案即:ISO/TR 11941:

1996，同时美国国会图书馆也设有相关标准，而韩国 ISSN 国家中心采用的则是本国韩语国立研究会制订的方案。

(5)倾向性意见

对于未来使用何种标准来进行民语及小语种刊物罗马化这一问题上，有如下倾向性意见：

首先应该与国家图书馆的整体规划相协调。

其次，由于 ISSN 中国国家中心民语数据罗马化后要转送 ISSN 国际中心数据库，为了满足国际通用的需要，建议在选取民语罗马化标准时同国际中心保持一致。即：首先使用国际标准化组织(ISO)制定的标准；如果无相关 ISO 标准则优先使用美国国会图书馆标准。

第三，朝鲜语罗马化三个不同方案还需要民语专家进行甄别，以选取最优标准。

表 5-9 ISSN 中国国家中心民语及小语种数据罗马化标准使用设想

文种	采用标准
藏文	美国国会图书馆藏文罗马化标准
西里尔蒙文(新蒙文)	ISO 9:1995(西里尔字母罗马化标准)
托忒蒙文	美国国会图书馆蒙文罗马化标准
维文	美国国会图书馆维文罗马化标准
朝文	三种标准可供选择
哈萨克文(西里尔字符)	国际中心现用标准
哈萨克文(阿拉伯文字符)	国际中心现用标准
柯尔克孜文(西里尔字符)	国际中心现用标准
柯尔克孜文(阿拉伯文字符)	国际中心现用标准
俄文	ISO 9:1995(西里尔字母罗马化标准)
日文	ISO 3602:1989
印地文	美国国会图书馆印地文罗马化标准

续表

文种	采用标准
乌尔都文	美国国会图书馆乌尔都文罗马化标准
泰文	ISO 11940—2:2007
缅甸文	美国国会图书馆缅甸文罗马化标准
老挝文	美国国会图书馆老挝语罗马化方案

3. 民语及小语种罗马化数据制作方案

如上述民语及小语种罗马化标准的使用得以确定，建议按照以下方法和步骤进行罗马化数据制作。

(1)方法与步骤

首先，确定所选 ISSN MARC 格式相应字段后，打印成纸质表单形式。这样做一方面是方便外请的民语专家填写，另一方面也是出于留存纸质底稿以备今后查阅的考虑。

其次，外请民语专家和 ISSN 中国国家中心编目工作人员互相配合完成数据罗马化。民语专家主要负责解决语言方面的著录，而编目人员则完成分类、主题以及民语专家不熟悉的格式著录。

最后再由 ISSN 中国国家中心编目人员对照表单将数据录入数据库系统。

(2)需要注意的事项

①注意相关数据维护问题。维护民语及小语种期刊的不同文种刊物数据，由于刊物识别题名还未著录故现连接字段只著录了 $x ISSN，待数据建立后补充连接识别题名 $t(如 7692#字段现仅做了 $x，还需补充 $t)。

②注意数据库总量统计问题。当前 ISSN 中国国家中心 ISSN 罗马数据库已经有一些按汉文罗马化方法建立的民语数据。民语罗马化工作一旦展开，对于此类数据应重新进行修改、完善，统计时不应再按新增数据统计，而应该按“数据更新”量统计。

③新增民语刊物问题。对于今后陆续创刊的民语刊物，可根据实际发生的数量(可能很少)，灵活考虑按年度或其他方式集中处理。

④ISO 标准获得问题。由于 ISO 标准是国际标准化组织制定的付费产品，部分 ISO 罗马化标准，例如 ISO 日语罗马化标准(ISO 3602:1989)、ISO 泰语罗马化标准(ISO 11940—2:2007)无法通过网络免费获取，还必须与相关组织联系购买。

总之，民语及小语种期刊罗马化书目数据制作标准的探讨和选择非常重要，这是完善 ISSN 中国国家中心书目数据的必要前提和基础。

第四节　《ISSN 手册》

各国家中心在 ISSN 国际中心协调指导下依照业务职责分工和相关业务规则开展工作，日常工作的主要依据和必备工具即为《ISSN 手册》。《ISSN 手册》是由 ISSN 国际中心发布的提供 ISSN 国际中心、ISSN 国家中心和 ISSN 地区中心开展连续性资源注册及管理的工作指南，是所有 ISSN 机构共同遵守的工作规范和准则。内容主要涵盖：ISSN 分配总则、ISSN 注册记录、数据单元与著录规则，以及附录等。

早期 ISSN 国际组织颁布的工作规范是综合性的《ISDS 纲领》(ISDS Guidelines)，几经修订，1983 年颁布了《ISDS 手册》(ISDS Manual)，2003 年颁布了《ISSN 手册　编目部分 2003》(ISSN Manual. Cataloguing Part, 2003)，2009 年颁布了《ISSN 手册　编目部分 2009》(ISSN Manual. Cataloguing Part, 2009)。经过修改和补充实现了进一步完善，不断适应发展的信息环境，更好地满足了用户需求。

一、不同版本《ISSN 手册》及修订情况

1.《ISDS 手册》(1983 版)

1993 年以前 ISSN 国际中心称为 ISDS(International Serials Data System,中译为国际连续出版物数据系统)国际中心。《ISDS 手册》(ISDS Manual)是《ISSN 手册》的前身。由于连续出版物需要一个简洁、唯一、明确的识别编码,因此,国际标准连续出版物编码(ISSN)由国际标准化组织(ISO)在上世纪 70 年代发展起来的。然而如果没有为注册连续性资源和建立 ISSN 记录而制定的相应标准和规则,ISSN 国际中心就无法成功运行。所谓"规则先行"的意义也就在于此。1983 年《ISDS 手册》问世。

《ISDS 手册》是由英国国家连续出版物数据中心主任、ISSN 国际中心理事 A. A. Mullis 编辑,ISDS 国际中心组织与发布。全书分为两部分。第一部分:ISDS 组织结构、功能和政策,章节内容主要涵盖"组织结构和管理、国际中心、全体会议、理事会、技术咨询委员会、国际中心资金、国际中心的功能和职责、国家中心、地区中心、网际合作、业务规则、ISDS 记录内容、ISDS 出版物与服务"等。第二部分:操作程序,章节内容主要涵盖"ISDS 记录(ISDS 数据元素、ISDS 完整数据与简短数据、标点符号、ISDS 记录的语种与文字、缩略、大写、印刷等)、ISDS 识别数据元素(ISSN、识别题名、缩略识别题名)、数据传送单 ISDS 交换格式、磁带 ISDS 的交换格式(数据项、控制字段、书目字段、交换字符集)、附录(国际中心连续出版物注册条例、术语、语种代码、ISDS 采用标准列表、国家代码)"。

《ISDS 手册》明确规定了 ISDS 各中心的职责与分工、ISSN 分配、数据制作与传送等各项规则和标准。总览全部内容,可以肯定这个版本的规则内容全面具体,可操作性强,适合各成员中心使用,是专业化、标准化且规范化的。如:①ISSN 分配规则,规定依据 ISO 3297:Documentation-International standard serial numbering(ISSN)标准来分配

ISSN。②通过磁带传送输入 ISDS 国际中心书目记录的控制字段、书目字段、交换字符集等细则，依据 ISO 2709—1981(E)书目信息交换用磁带格式(Documentation-Format for bibliographic information interchange on magnetic tape)、信息处理交换用磁带标号和文卷结构 ISO/R 1001—1979(E)(Magnetic tape labeling and file structure for information interchange)等国际标准。

《ISDS 手册》具有明显的时代特点。20 世纪 80 年代初，计算机应用尚未实现，手册初稿是用英文打字机打印，特殊字符用手写标注，数据传送至 ISDS 国际中心通过磁带方式。然而，可以肯定在当时技术发展条件下《ISDS 手册》是具有现实性和先进性的，为全球范围内连续出版物 ISSN 分配与管理的科学化奠定了良好的基础。

2.《ISSN 手册 编目部分 2003》(下称 2003 版手册)

2003 版手册是在《ISDS 手册》(1983 版)基础上进行的修改和补充。事实上，ISSN 国际中心 1986 年和 1995 年，就曾对《ISDS 手册》(1983 版)进行了一些修订和补充，但只以替换页形式发行。1998 年对原手册的初订及国际标准 ISO 3297:1998[信息与文献——国际标准连续出版物号(ISSN)]新版本的出版，共同促进了修订工作的进一步开展。

2003 版手册修订工作组成员由来自国际中心、美国中心、德国中心、法国中心、克罗地亚中心、瑞典中心等共 10 人组成，编辑小组成员为包括匈牙利中心、瑞典中心、美国中心及国际中心的 4 人组成。该版手册的修订倾注了多个中心专业人士的心血和智慧。

在结构上，2003 版手册与《ISDS 手册》相比有较大差别，作了重大调整。并非分为两大部分，而是并列分为 13 大项，分别是“ISSN 总则、ISSN 记录、识别题名、缩略识别题名、词的缩略规则、信息代码、分类、正题名、变异题名、被文摘和索引出版物收录、连接款目、电子地址与检索、附录”等。

在内容上，与《ISDS 手册》比较可以看出，编目规则中的较多内容作了修订。2003 版手册除参照《英美编目条例》(AACR2)、《国际标准书目著录(连续出版物)》[ISBD(S)]和之后的《国际标准书目著录(连续性资源)》[ISBD(CR)]规则和条例外,还与行业专家进行了咨询与沟通。在制订规则和标准的过程中,修订者尽可能地使之与诸如 ISBD(CR)和其他国际上的规则如 AACR2 兼容。最终形成适应当时 ISSN 网络发展的 ISSN 编目规则。

2003 版手册规定使用 ISSN MARC 数据格式著录,编目规则较为详细,此外给出了诸多编目样例,便于各成员中心参照使用(见下表)。

表 5-10　ISSN MARC 210 字段编目规则

<table>
<tr><th rowspan="2">标识符</th><th colspan="2">指示符</th><th rowspan="2">子字段代码</th><th rowspan="2">数据单元</th><th rowspan="2">可否重复</th></tr>
<tr><th>1</th><th>2</th></tr>
<tr><td rowspan="3">210</td><td rowspan="3">#</td><td rowspan="3">#</td><td>$a</td><td>缩略识别题名</td><td>否</td></tr>
<tr><td>$b</td><td>区别相同识别题名的缩略限定信息</td><td>否</td></tr>
<tr><td>$c</td><td>区别相同缩略识别题名的缩略限定信息</td><td>否</td></tr>
</table>

例:

222#3$aLa co-action$bEnglish ed.

210##$aCo-action$bEngl. ed.

2003 版手册增补内容还有,在《ISDS 手册》"连续出版物(serial)"术语概念基础上,增加"连续性资源(continuing resource)"术语概念,并增加了适用于电子资源的编目规则,如 ISSN MARC 的 856 字段(电子资源定位与访问),如表 5-11 所示。

表 5－11　ISSN MARC 856 字段编目规则

标识符	指示符		子字段代码	数据单元	可否重复
	1	2			
856				电子地址和检索途径	可
	0			E-mail	
	1			协议的网址(FTP)	
	4			HTTP	
		0		资源	
		2		相关资源	
			$u	URL	可

如果适用,该字段是完整记录必备的。

例:

85640$uhttp://www.springerlink.com/content/2095-0268

2003 版手册修订参照了如拉丁化文字国际标准等诸多相关国际标准,这突显了手册的标准化和规范化程度。如:ISO 4:1997 信息和文献—题名词和出版物题名的缩略规则;ISO 9:1995 信息和文献—西里尔文字音译为拉丁文字—斯拉夫文字和非斯拉夫文字;ISO 639—2:1998 语言名称代码—第二部分:字母表 3 代码;ISO 646:1991 信息技术—ISO 7信息转换用 7 位编码字符集;ISO 2709:1996 信息转换格式,等等。

2003 版手册充分体现修订者的远见卓识,逐步形成并始终保持着与行业信息组织规则的统一化或统一化趋势,为促进各机构或组织间的书目数据交换打下了良好的基础。

3.《ISSN 手册 编目部分 2009》(下称 2009 版手册)

当前使用的 2009 版手册是对 2003 版手册的修订。此次修订目的在于与新版本的 ISO 国际标准 ISO 3297:2007 信息和文献工作——国际标准连续出版物编号(ISSN)[Information and documentation-International standard serial number (ISSN)] 保持更新,增加使用"连接

ISSN”(ISSN-L)(Linking ISSN),并将 MARC 21 和 UNIMARC 书目数据格式增补到修订版手册中。

(1)增加使用 ISSN-L

与 ISSN-L 相关的各项规则是 2009 版手册重要增补内容之一。ISSN-L 是为了满足一种连续性资源的不同载体版本的配置或归类机制,从而实现对内容的管理。ISSN-L 是指定的,ISSN-L 的指定工作可通过 ISSN 网络的一个中心实施,也可通过在 ISSN 注册数据库(ISSN Register)添加记录自动完成,简而言之,这项工作既可由能够承担 ISSN 管理责任的国家中心来做,也可由国际中心来做。

ISSN-L 的指定规则。在 ISSN Register 中的已分配的第一个 ISSN,通过缺省功能也指定为一种连续性资源的任一载体版本的 ISSN-L,这个 ISSN-L 用于 ISSN Register 已确认的那个资源的所有其他载体版本。即使连续性资源只以一种载体出版,ISSN Register 也为确认的每一种连续性资源指定一个 ISSN-L。无论一种连续性资源有多少不同载体版本存在只能指定一个 ISSN-L,ISSN-L 具有唯一性。

例:

有三种载体形态的连续性资源:

ISSN-L 1188 - 1534

印刷版:Plant varieties journal (Ottawa) = ISSN 1188 - 1534

网络版:Plant varieties journal (Ottawa. Online) = ISSN 1911 - 1479

CD-ROM 版:Plant varieties journal (Ottawa. CD-ROM) = ISSN 1911 - 1460

如果书目记录中没有指定的 ISSN-L 资源与其他物理载体形态的连接字段,即那些不包含 776 字段(其他载体形态款目)或者没有另一个 ISSN 记录的 776 字段指向它们的记录,则 ISSN-L 的指定通过在适当的字段重复记录中的 ISSN。

例:

ISSN-L 0001 - 7302

印刷型连续出版物: Dongwuxuebao = ISSN 0001 - 7302

没有其他载体版本

ISSN-L 1991-9336

网络型连续出版物:European journal of American studies = ISSN 1991 - 9336

没有其他载体版本

如果书目记录中有指定的 ISSN-L 与资源其他物理载体形态的连接字段,即那些由 776 字段连接的记录,要按一组来处理,并且在这个组的所有记录中添加同一个 ISSN-L。相连接记录的 ISSN 中最低数值的 ISSN 指定为 ISSN-L。

例:

ISSN-L 0021 - 8464

印刷版:The journal of adhesion (Print) = ISSN 0021 - 8464

网络版: The journal of adhesion (Online) = ISSN 1563 - 518X

CD-ROM 版: The journal of adhesion (CD-ROM) = ISSN 1026 - 5414

ISSN-L 1818 - 5894

印刷版:Social policy highlight (Print) = ISSN 1818 - 5894

网络版:Social policy highlight (Online) = ISSN 1818 - 5940

记录中 776 字段的存在与 ISSN-L 指定的一致性是至关重要的。当记录提交 ISSN Register 时 776 字段应体现在相应的记录中。ISSN 国际中心也进行常规的检查以确保相互的 776 字段存在于记录中。此外，由于 ISSN-L 是自动分配，所以要特别注意 776 字段著录的正确性。如果是在 ISSN 国际中心数据库客户端（Virtua）上编目，为保证该字段的稳定性，系统则不允许删除 776 连接字段。

不同载体书目数据的连接，ISSN MARC 书目格式通过 776 字段实现（见表 3）。

表 5－12　ISSN MARC 776 字段著录规则

标识符	指示符		子字段代码	数据单元	必备性		重复性
	1	2			完整数	简短数	
776	2	#		有其他物理载体	如果适用则必备	选择使用	可
			$t	识别题名	如果适用则必备	如果适用则必备	不可
			$x	ISSN	如果适用则必备	如果适用则必备	不可

例：

222## $aTeledisk online

7762# $tTeledisk$x1420－5238

不同载体书目数据的连接，UNIMARC 书目格式通过 452 字段实现，如表 5－13 所示。

表 5－13　UNIMARC 452 字段著录规则

标识符	指示符		子字段代码	数据单元	必备性		重复性
	1	2			完整数据	简短数据	
452				另一载体的其他版本	如果适用则必备	选择使用	可

续表

标识符	指示符		子字段代码	数据单元	必备性		重复性
	1	2			完整数据	简短数据	
452	#			未定义			
		0		不生成附注			
		1		生成附注			
			$t	识别题名	如果适用则必备	如果适用则必备	不可
			$x	ISSN	如果适用则必备	如果适用则必备	不可

2009 版手册规定了"ISSN-L"在 MARC 21 和 UNIMARC 书目格式中著录规则（见表 5－13、表 5－14）。

表 5－13　MARC21 022 字段著录规则

标识符	指示符		子字段代码	数据单元	必备性	重复性
	1	2				
022				ISSN	必备	不可
	#			未说明级别		
	0			有国际影响的连续性资源		
	1			没有国际影响的连续性资源		
		#		未定义		
			$a	ISSN	必备	不可
			$l	ISSN-L	必备	不可
			$m	注销的 ISSN-L	如果适用则必备	可
			$y	错误的 ISSN	不必备	可
			$z	注销的 ISSN	如果适用则必备	可
			$2	ISSN 中心代码	必备	不可

例：

ISSN 0106 –990X

0220# $a0106-990X$l0106-990X$z0900-7784$2_h

ISSN 0000 –1155

0220# $a0000-1155$l0000-1155$m0000-0671$y0075-9899$2_1

表 5 –14　UNIMARC 011 字段著录规则

标识符	指示符		子字段代码	数据单元	必备性	重复性
	1	2				
011				ISSN	必备	不可
	#			未说明级别		
	0			有国际影响或国家影响的连续性资源		
	1			地方性连续性资源		
		#		未定义		
			$a	ISSN	必备	不可
			$f	ISSN-L	必备	不可
			$g	注销的 ISSN-L	如果适用则必备	可
			$y	注销的 ISSN	如果适用则必备	可
			$z	错误的 ISSN 与 ISSN-L	不必备	可

至于增用 ISSN-L 的深远意义，可概括为：主要在于 ISSN-L 在其他识别和链接系统中的应用以及建立 ISSN 系统与诸如 DOI、OpenURL、URN 和 EAN 条码等系统的互操作性。这在 ISO 3297：2007 附录 E 中有详细论述。

(2)增加 MARC 21 和 UNIMARC 著录规则

2003 版手册规定了数据的著录格式统一使用 ISSN MARC，2009 版手册增加使用 MARC 21 和 UNIMARC(如表 5 –12—表 5 –14 所示)规则。也就是说各 ISSN 国家中心向 ISSN 注册库(ISSN Register)提供的 ISSN 注册数据可使用三种书目数据格式。三种格式各中心可选择使用,这很大程度上兼顾了各成员中心信息组织本地化特点,也更方便数据转换。2009 版手册分别给出了以上三种规则所对应的各数据项(必备和可选择的)的定义、使用规则及示例,且表述详细。

在某种程度上,《ISSN 手册》更适合西方大部分国家连续性资源编目,中文及东方语言国家连续性资源适用性较之差一些。2003 版手册规定使用 ISSN MARC,中文等图形文字仅能通过罗马化著录,2009 版手册 MARC 21 的增用,意味着中文等图形文字连续性资源(或含图形文字著录信息的资源)可通过 880 字段(交替图形文字表示字段)得以揭示。为用户检索提供方便,这是该手册修订完善始终追求的目标,符合信息资源组织最终目的是为满足用户方便获取这一编目学思想。

ISSN 数据是 ISSN 分配过程中记录的描述性数据,用于识别和区分资源。ISSN 数据由 ISSN 各中心建立和维护,传送给国际中心 ISSN Register 后仍需要不断更新和长期维护。2009 版手册能满足 ISSN 各成员中心业务工作的实际操作,适时修订并推出适用于全球 80 多个 ISSN 中心数据制作与数据交换的标准化和统一化的规则,无疑是做好连续性资源信息组织的重要保障。

从 1972 年 ISSN 国际中心成立至今的 40 多年间,ISSN 组织机构及其成员通过多年努力致力于连续性资源的注册与管理工作,既延续着以往的成果,又审时度势地关注着环境所发生的变化,如信息传播技术的迅猛发展、出版载体多元化、信息组织理论与形式的新发展等,为适应这些变化,与图书馆等信息情报机构开展积极合作,不断修订与完善连续性资源的信息组织方法。既体现连续性资源编目规则体系的连续性和一致性,又兼顾了连续性资源各种类型、各种载体的特殊性。《ISSN 手册》修订具有兼容性、连续性、适用性、规范性、统一性特点。

2011 年,ISSN 国际中心还积极组织参与 RDA 测试工作,体现了其对信息组织新理念新规则的关注与重视,也为将来《ISSN 手册》的进一步完善积累素材,以更好实现 ISSN 组织机构的目标与宗旨。相信通过 ISSN 国际中心与各国家中心的努力与密切合作,同其他编目规则一样《ISSN 手册》这一工具也将不断得到完善,对连续性资源信息组织发挥更重要作用。

二、2009 版手册题名变化部分 ISSN 分配规则的修订

根据国际中心 ISSN 分配规则修订计划,就 2009 版手册内容修改方面提出关于中文连续性资源题名变化(主要/次要变化)方面的思路与建议,该项工作同时也涉及中日韩文(CJK 方案)连续性资源题名变化部分 ISSN 分配规则方面。

1. 2009 版手册对该部分内容的规定

(1)对"连续性资源的变化需要重新分配新的 ISSN"的规定

当题名源中的题名的用词发生变化时,要根据这种变化的大小决定是否分配新的 ISSN 和识别题名。其他变化如连续性资源的物理载体改变被认为是主要变化。

如果变动大,则要分配新的 ISSN 和识别题名;如果变动小,则维持原状;所有的情况,均由连续性资源所属辖区的国家中心决定是否给发生变化的题名分配新的 ISSN 和识别题名。

如果认为题名的变化是次要变化就将其记录为变异题名。

①连续性资源正题名的主要变化。

正题名发生主要变化应分配新的 ISSN 和识别题名。下列情况被认为是主要变化:

a. 当正题名的前五个词(如果题名开始有冠词就是六个词)有增加、删除、改变或重组时;

b. 当正题名的前五个词之后(如果题名开始有冠词就是六个词之后)有增加、删除、改变,并改变了题名的意思或表示不同的主题时;

c. 正题名中出版机构名称改变时。

②连续性资源的其他主要变化。

下列情况要分配新的 ISSN 和识别题名：

a. 如果题名是类属词，同时用作限定信息的出版机构更改其名称，或该连续性资源由一个不同的机构出版；

b. 如果版本说明变化并指出连续性资源的范围或覆盖面发生显著变化；

c. 资源的物理载体变化（如印刷版与网络版）；

d. 非独立题名变为独立题名；

e. 连续性资源是累积本，累积本使用起初的刊名并使用相同的文种，但累积本的内容有重大变化（例如：一份索引季刊的内容合并为用同一个字母表排列主题的年刊）；

f. 一个连续性资源由两个或两个以上连续性资源的合成；

g. 由一个连续性资源分成两个或两个以上连续性资源。

（2）对“连续性资源的变化不需要分配新的 ISSN”的规定

①连续性资源正题名的次要变化。

正题名的次要变化不需要分配新 ISSN 和识别题名。一般来说，如果正题名出现次要变化，后来的刊名作为变异题名。下列情况被认为是次要变化：

a. 一个词或几个词的表述发生变化：

拼写转换

缩略词或符号（如“&”）与全拼形式转换

阿拉伯数字与罗马数字转换

数字或日期与全拼形式转换

有连字符号与没有连字符号转换

一个单词的复合词与两个单词的复合词转换，无论有无连字符

b. 首字母缩略或缩拼与全拼形式转换；

c. 题名中单词的变音，如由单数变成复数形式；

d. 题名中任意位置上的冠词、介词和连词发生了增加、删除或

改变；

e. 题名中出版机构名称的单元顺序或语法顺序发生变化（增加、删除或重组出版机构名称或者替换其他形式，包括缩写）；

f. 题名中任何位置上标点的增加、删除或者改变，包括有分隔标点的首字母缩略词和文字与没有分隔标点的首字母缩略词和文字转换；

g. 不同语种的题名在主要信息源出现顺序上的变化，选作正题名的题名仍以并列题名的形式出现；

h. 在题名中任何地方连接编号的词发生增加、删除或改变；

i. 两个或更多的正题名按照正规的样式用于一个连续性资源的不同期次上；

j. 题名的序列中任何词序的增加、删改、或改变，而主题没有重大变化；

k. 增加、删除或重排题名中表示连续性资源的类型，诸如“杂志”“期刊”或“通讯”等单词，或其他语言的等同词。

编者按：如果在前五个词中用一个与以前不同的词表示资源类型的变化，这是一个重大的变化。

②其他次要变化。

虽然不分配新的 ISSN 和识别题名，但是用变异题名记录变化，情况如下：

a. 作为限定信息的出版地发生变化；

b. 作为限定信息的出版说明发生变化，但不导致主题变化。

2. 修订过程及初步意见

经过对 ISSN 中国国家中心以往分配情况的分析，结合中文语言特点，形成了 ISSN 中国国家中心的初步意见：

- 不采用“正题名前 5 个词”的概念；
- 采用实词和虚词（或辅助词）的概念；
- 实词变化如属“机构名称缩略”变化视为小变化；

• 虚词变化如导致主题变化，应视为大变化，予以分配 ISSN。

之后，了解到 ISSN 日 ISSN 中国国家中心和 ISSN 韩国中心意见，ISSN 中国国家中心也倾向于更笼统一些的方案，即：凡导致主题变化，应视为大变化，否则视为小变化。

在形成的上述意见的基础上，ISSN 国际中心计划在参加第 78 届国际图联大会后再反馈研讨意见，进行下一步的修订。

同时，2012 年 10 月 8—12 日在里斯本召开的 ISSN 国家中心主任工作会议上讨论的 CJK 方案基本定调，形成了原则性意见，即：仍保留《ISSN 手册》(2009 版)“前 5 个词”的做法，中日韩(新增泰国)“不切词”的语种的做法可增加进来。

待修订意见完全确定后，可在今后规则中体现。但实际上对中文刊物的影响不大，因为在以往工作中，对于手册中不适用中文的规则，就已经有灵活的处理和做法，从这个角度看，手册却显得有些滞后。

三、翻译《ISSN 手册》

《ISSN 手册》是从事 ISSN 工作的必要工具书，翻译成中文更方便工作人员使用。ISSN 中国国家中心 2012 年 9 月基本完成 2009 版手册的译稿。该手册包括 17 个章节和 9 个附录。

其中，ISSN 总则具体包括：定义、范围、ISSN 及识别题名与连续性资源的关系、ISSN 号段的分配与使用、ISSN 的分配(单个连续性资源的 ISSN 分配、跨国出版机构出版的连续性资源的 ISSN 分配、国际组织出版的连续性资源的 ISSN 分配)、连续性资源的注册(全面性与选择性、根据用户申请注册、输入 ISSN 注册系统、ISSN 记录的责任转移)。

国际标准连续出版物编码（ISSN)与 ISSN-L 部分包括：ISSN 结构、ISSN 分配总则(不同文种版本的连续性资源、不同地区版本的连续性资源、不同载体的连续性资源、其他版本、累积本、复制本和重印本、活页、合并与拆分、分辑、增刊、附刊和附属丛编、题名的恢复)、连续性资源的变化需要重新分配新的 ISSN(连续性资源正题名的主要变化、连续性资源的其他主要变化)、连续性资源的变化不需要分配新的 ISSN(连续性资源正题名的次要变化、其他次要变化)、注销 ISSN 和删除 ISSN 记录、ISSN 在连续性资源或网页上的显示、ISSN-L 的指定、ISSN-L 的指定规则、ISSN-L 的唯一性、ISSN-L 与主要变化。

ISSN 记录部分包括:内容和功能、ISSN 数据元素、标识符(识别题名的标识符、正题名的标识符、变异题名的标识符、缩略识别题名的标识符、出版信息的标识符、连接款目的标识符)、ISSN 记录的语种、文字和大写、缩略词和印刷错误、信息源(ISSN 注册的基础、规定信息源)。

此外还包括,识别题名、正题名、变异题名、缩略识别题名、出版信息、出版日期和/或卷期标识、发行机构、连接款目、信息代码、分类、电子资源定位与访问、被文摘和索引出版物收录等章节。该版本手册共 100 多页。

虽较早版本的《ISSN 手册》也都根据需要进行过翻译,但现在已经不能使用。随着 ISSN 事业的发展,管理思想不断创新,管理技术更加科学化和国际化,新版手册修订及增补的内容需要及时了解和掌握,为此及时翻译《ISSN 手册》很必要。

第五节　ISSN 中国国家中心注册数据库应用系统

一、ISSN 中国国家中心当前应用的丹诚系统

当前 ISSN 中国国家中心的应用系统为丹诚 1000(DataTrans—1000),这是一款由北京丹诚软件有限责任公司研发的图书馆集成系统。

1. 丹诚 1000 简介

丹诚 1000 是在图书馆系统中性能价格比较高的管理软件之一,该系统具有许多独到之处。它采用 TCP/IP 通讯协议和 Client/Server

体系结构，支持 UNIX 和 Windows NT 两个主要的操作系统平台，利用 Internet 实现复杂的联机编目业务；采用全面的、标准化 MARC 数据格式，能够解决文献信息管理等复杂问题。

2. 丹诚 1000 在 ISSN 中国国家中心日常工作的应用

据调查，ISSN 中国国家中心于 2003 年引入这款应用程序，主要使用其中的编目功能。目前丹诚 1000 承担着数据著录与日常维护、分配国际刊号信息查询、国际中心信息反馈验证等多项功能，基本满足了 ISSN 中国国家中心的日常业务需求。

(1)数据著录与日常维护

ISSN 中国国家中心在该系统下建立了 ISSN 完整数据库，ISSN 罗马数据库，ISSN 光盘库，少数文种复本库等多个数据库，著录和日常维护数据一万多条，并定期向 ISSN 国际中心传送罗马化后的数据。

(2)分配国际刊号信息查询

根据与 ISSN 国际中心的协议，ISSN 中国国家中心负责中国大陆连续出版物 ISSN 号的分配。在处理出版方 ISSN 号申请要求时，丹诚 1000 数据库是工作人员参考的主要依据。

(3)国际中心信息反馈验证

在日常业务工作中，ISSN 中国国家中心会收到国际中心关于转移 ISSN 责任等要求，丹诚 1000 数据库也是工作人员核实相关信息的依据。

3. 使用丹诚 1000 系统存在的利弊

综上所述，ISSN 中国国家中心日常业务工作完全依赖于丹诚 1000 系统。该系统于工作中有利方面的表现是：建库方便，可根据具体需要建立多个数据库；统计功能强大；数据输出和导入功能能很好地满足需要。但也存在一些弊端：

(1)不支持 Unicode 字符集

由于丹诚 1000 应用程序开发较早，属于丹诚系列的早期版本。近年来丹诚应用系统几经更新，最新版本已升级到丹诚 2000 V3，而 ISSN 中国国家中心从开始使用至今一直都沿用早期版本版本的系统。

更大问题是,由于该系统不支持 Unicode 字符集,当前 ISSN 中国国家中心数据只能采用中文和拉丁字符录入。

(2)罗马化数据传送滞后

从 ISSN 中国国家中心与 ISSN 国际中心的业务交流来看,丹诚 1000 系统更多发挥的是数据备份作用,编目人员完成数据著录后,先将其罗马化,再将相关数据分时段分批次传送 ISSN 国际中心。由此造成国际中心数据库内中国大陆出版的连续性资源数据处于相对滞后状态。

二、ISSN 国际中心在用的 Virtua 系统

从 2005 年开始,ISSN 国际中心和多个国家中心先后安装了名为 Virtua 的应用系统,它是由 VTLS Inc(一家专门为图书馆界提供技术产品的美国公司)研发的一款多功能图书馆集成系统,可以用来进行采访、编目、回溯等多种用途。当前,ISSN Virtua 的服务器设在法国巴黎,ISSN 国际中心所采用的版本为 Virtua2009.4,主要使用该系统的编目功能。

1. Virtua 系统基本情况

(1)ISSN Virtua 依据的应用协议

Virtua 用户和服务器之间依照 Z39.50 协议的标准来进行数据交换。通过该协议,Virtua 用户可连接到任何兼容 Z39.50 协议且储存了 MARC 编目数据的服务器,例如通过服务器用户可以直接连接到美国国会图书馆编目系统。

(2)ISSN Virtua 数据库

ISSN Virtua 服务器拥有两个不同的数据库。一是 ISSN 数据库,其中囊括了全部 ISSN 数据;另一个被称为第二数据库或者后备数据库,当中包含 ISSN 分配请求。

(3)书目格式与字符集

ISSN Virtua 系统内部采用的书目格式为略微修改后的 MARC 21 格式,系统支持的字符集为 Unicode。

(4)运行所需系统

ISSN Virtua 需要在 Windows XP 和 Windows 2000 系统下运行，需要注意的是该程序不能与 Windows Vista 兼容。

(5)著录所使用的语言

依照国际中心要求，在使用 ISSN Virtua 进行编目时需要对所录数据进行罗马化，即录入拉丁字符。

ISSN Virtua 著录格式截图，如图 5－5 所示。

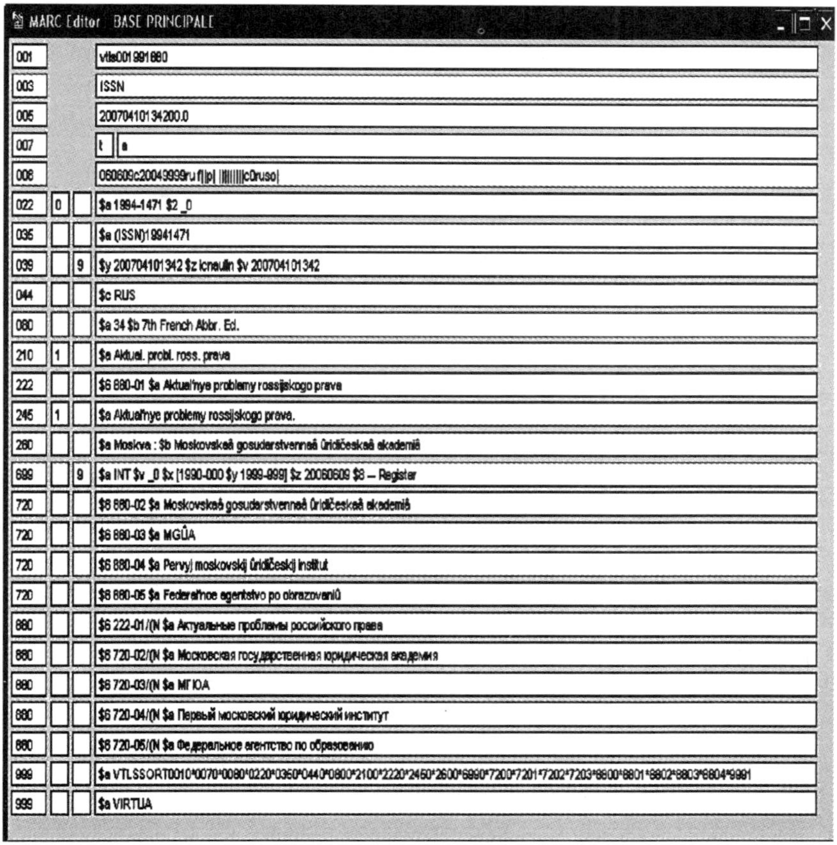

图 5－5　ISSN Virtua 著录格式截图

2. ISSN Virtua 在各国家中心的使用情况及反馈

目前除了 ISSN 国际中心使用外，已有 20 个 ISSN 国家中心安装并使用该系统，另有 11 个国家中心明确表示要使用 ISSN Virtua，具体情况如表 5－15 所示。

表 5－15　ISSN Virtua 使用情况一览表

国家	Virtua 安装情况	其他
阿尔及利亚		有意向
阿根廷	已安装使用	
亚美尼亚	已安装使用	
比利时	已安装使用	
巴西	已安装使用	
布基纳法索		有意向
智利	已安装使用	
哥斯达黎加		
塞浦路斯	已安装使用	
埃及	已安装使用	
赞比亚		有意向
德国		有意向
匈牙利	已安装使用	
冰岛	已安装使用	
印度		
印度尼西亚	已安装使用	
爱尔兰	已安装使用	
意大利	已安装使用	
吉尔吉斯斯坦		有意向
罗马尼亚	已安装使用	

续表

国家	Virtua 安装情况	其他
马里		有意向
墨西哥		有意向
摩尔多瓦	已安装使用	
荷兰	已安装使用	
尼日利亚		
菲律宾	已安装使用	
波兰		有意向
塞内加尔		有意向
瑞士		有意向
泰国	已安装使用	
土耳其		有意向
越南	已安装使用	
斯洛伐克	已安装使用	
西班牙	已安装使用	

2009 年 9 月在北京召开的第五届 Virtua 用户会议上，ISSN Virtua 用户参会代表就该系统的使用情况进行反馈，斯洛伐克、罗马尼亚等国家中心还做了相关报告。据统计，各国家中心用户对 ISSN Virtua 普遍持正面评价，认为主要优势如下：

首先，实现了各国家中心在 ISSN 国际中心数据库的在线编目，确保了国际中心数据的及时更新。

其次，针对 ISSN（包括未注册，已分配、已注销等多种类型的 ISSN）进行管理，这是其他任何一款图书馆应用系统都无法做到的。

再次，广泛的验证规则确保了高质量的数据。

最后，兼容 Unicode UTF-8，对中国来说意义在于可以输入带声调的汉语拼音和在部分字段输入中文。

3. 使用 ISSN Virtua 需着重考虑的问题

(1)原系统数据库的维护问题

ISSN Virtua 只能用于 ISSN 罗马化数据编目,并不能替代丹诚 1000 中 CNMARC 数据涵盖的出版管理信息及服务于 ISSN 中国国家中心业务工作的其他功能。因而即使将来决定使用 ISSN Virtua,仍需保留丹诚 1000 系统中 CNMARC 数据并进行日常维护,ISSN Virtua 只是替代其罗马化数据的制作和更新功能。

对于这个问题,考虑有以下解决办法:

①如果 ISSN Virtua 系统经过试用,可以满足 ISSN 中国国家中心内部信息的管理需求,可以考虑放弃现有的 CNMARC 数据库,统一用 ISSN Virtua 系统来管理内部信息和国际中心提交的罗马化数据。

②如果 ISSN Virtua 不能满足 ISSN 中国国家中心内部信息的管理需求,可以考虑在 Aleph500 系统中开设物理子库,以此替代现有丹诚系统管理 CNMARC 数据库的功能。

(2)运行的网络安全环境

由于 ISSN Virtua 是一款在线编目系统,服务器设在法国巴黎,如采用该系统,需要中国国家图书馆网络部门开通防火墙相应端口,并保障网络时时畅通。

(3)费用问题

ISSN Virtua 是一款付费系统,初步了解,该系统的第一年年费为 350 欧元,从第二年起年费为 57 欧元。如果决定使用,可以在每年支付年费时一并支付相应的费用。

(4)使用 ISSN Virtua 需要充分重视调研、培训、测试等前期工作

为确保新系统使用顺畅,数据保存、修改以及批量处理的安全性等,需要投入充分的人力、时间进行前期工作,如充分调研、培训、测试等。

此系统是非汉化的,常规使用的环节应比较容易掌握,但要完全熟练使用所需功能,还需要花时间下工夫学习和掌握。

现使用 ISSN MARC 格式编目，上新系统后使用 MARC 21 编目，需对照两种格式针对变化进行编目规则方面的培训。

三、选用未来应用系统的倾向性意见

1. ISSN Virtua 的使用

ISSN Virtua 是一款专门针对 ISSN 的在线编目系统，使用 Virtua 能解决罗马数据传送滞后问题。因此 ISSN 中国国家中心未来可选择使用 ISSN Virtua。但需要进行全面测试，以便进一步了解该系统的功能，在此基础上做出进一步的决策。

2. Aleph500 的使用

ISSN Virtua 是在线编目系统，使用 Virtua 虽然能解决罗马数据传送滞后问题，但其并不能替代丹诚 1000 处理 ISSN 中国国家中心所需日常业务的全部功能。因此，如果仅仅用 ISSN Virtua 系统不能解决内部信息管理的问题，ISSN 中国国家中心未来可选择使用 Aleph500 管理 ISSN 中国国家中心 CNMARC 数据，通过开设新的物理子库的办法解决。

3. dp2 图书馆集成系统

dp2 图书馆集成系统是数字平台公司推出的新一代面向读者服务的图书馆业务软件。

dp2 图书馆集成系统和丹诚公司的 DT1000/DT1500 系统具有很好的兼容性；具有针对 DT1000/DT1500 数据格式的升级模块；能和 DT1000/DT1500 系统并行，DT2 图书馆集成系统跟踪 DT1000/DT1500 系统的数据变化。

4. 新系统启用前仍沿用丹诚 1000

由于 ISSN 中国国家中心日常业务工作完全依赖该系统，对国内所有出版社用户的配号工作是实时的，对国际中心上传数据也是要保证时效性的，每个工作环节都需要依托应用系统来进行。

所以应用系统改进或更新,须分轻重缓急,尽可能不给日常业务工作的开展带来影响。

第六节　ISSN 国际中心系统 Virtua 客户端编目测试

一、全面掌握 Virtua 系统

1. ISSN Virtua 总则

ISSN Virtua 是一款由 VTLS Inc 研发的应用程序。它利用因特网将在 Windows XP 或者 Windows 2000 系统下运行的用户和在 Linux 系统下运行的服务器连接在一起。

ISSN Virtua 的服务器设在法国的蒙特利埃。所有的数据(例如编目数据、索引)均保存在服务器上。该服务器通过 Oracle 系统来保存和管理所有数据。

值得注意的是 Virtua 实际上是一款图书馆管理系统,ISSN Virtua 只是使用了其所有模块中的一部分。因而在运行该系统时,ISSN 编目所不需要的菜单和模块就显示为灰色(不能使用状态)。

Virtua 用户和服务器是依据 Z39. 50 协议进行交流。该协议理论上允许 Virtua 用户连接到任何一个兼容 Z39. 50 协议且存储有 MARC 数据的服务器(例如国会图书馆编目系统)。但是 ISSN Virtua 数据库是 Virtua 用户进行数据更新的唯一途径。单独一个 Virtua 用户可以同时连接数个不同的 Z39. 50 服务器和数据库。单独一个 Z39. 50 服务器也可以通过不同的端口拥有数个数据库。

ISSN Virtua 服务器拥有两个独特的数据库:一是 ISSN 数据库,其中囊括了所有 ISSN 数据;另一个数据库,其包含了所有 ISSN 分配申请请求。

ISSN 数据库包含了全部的 ISSN(包括已分配和未分配的)。这意

味着，当前 ISSN 的编目工作事实上并没有创造任何新的 ISSN。当一个 ISSN 被分配只是表明这条数据的分类发生了变化（即从闲置变为其他状态）。相反，ISSN 数据受系统保护且不能被删除。只有 ISSN 国际中心有可能在系统中加入新的 ISSN。

在 ISSN 数据中，某些部分是自动生成且不能被编目员改动的，包括：ISSN 号自身（022 字段 $a，035 字段），ISSN 国家中心代码（022 字段 $2），国家代码（044 字段 $c），以及表示该 ISSN 所属种类的 699 字段。

在 ISSN 数据库中，ISSN 数据被分为以下几类：

Free（闲置）：该 ISSN 还没有被分配。

Legacy：该 ISSN 在 ISSN 网络和国际中心出现之前就已经使用。

Work：该 ISSN 已经被分配但相关编目数据还没有完全验证。

Register：ISSN 已被分配，相关数据已在 ISSN Register 中公布。

Cancelled：由于使用新号，该 ISSN 已经停止使用。

Suppressed：ISSN 被屏蔽。

Validation request：该 ISSN 之前可能显示为 free、legacy 或 work 这三种状态，但用户证实其已经被某个出版物使用。因而需要相关国家中心核实情况，以决定是否将其状态调整为 register。

ISSN Virtua 采用的编目格式为经过略微改动后的 MARC 21，字集为 Unicode。主要的编目著录，尤其是正题名的录入仍然需要罗马化。但目前在一些特殊字段（例如 880 字段）可以实现原文著录。

2. ISSN Virtua 客户端的安装与设置

ISSN Virtua 客户端安装软件（文件名为 client_install45_1_1. exe）可在国际中心（IC）的 FTP 服务器上获得，但需要 IC 提供登录 FTP 的用户名和密码。

需要注意的是如果用户是以管理员（administrator）身份安装软件而又作为普通用户打开文件，很有可能会收到一个关于语言文件的错误提示，内容为：不可使用或者错误。这是一个 Windows 权限方面的问题。目前该问题的唯一解决方法是给予用户管理员身份。

(1)安装客户端

将 Virtua 安装程序(约 34M)下载到电脑后,双击该文件。安装系统推荐的各项,同时安装 vericat 模块。

程序安装完成后,先到 FTP 的相关子目录(Language)中找到以下 5 个文件:vlang. db, vlang. mb, vlang. px, vlang. xg0, vlang. yg0,将其按以下路径拷贝到用户电脑上:C:\Program Files\VTLS\virtua\DBTables\Language;

此外,将文件"ff008. tem"拷贝到 C:\Program Files\VTLS\virtua\Catalogthe;

将文件"vtlsbib. val"拷贝到 C:\Program Files\VTLS\Virtua\Catalog\Validate;

将文件"ISSNregister. wfm"拷贝到 C:\Program Files\VTLS\Virtua\Catalog\the workform。

(2)软件设置

以上步骤完成后即可开始设置 Virtua 用户端,步骤如下:

首先在 Windows 开始菜单里找到并双击 Virtua 用户端图标,将出现以下窗口,如图 5-6 所示。

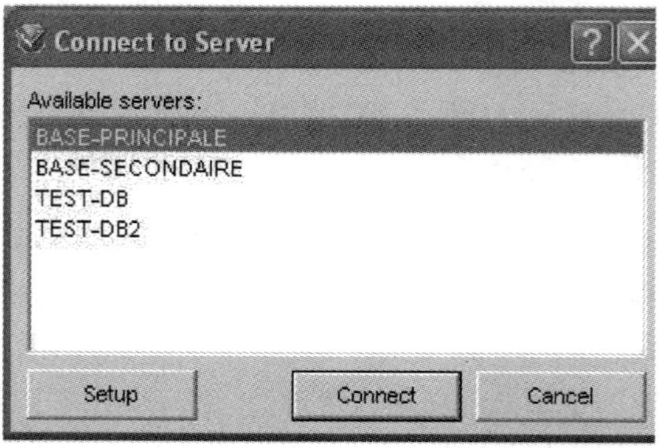

图 5-6 Virtua 用户端设置截图

选中一个服务器名，点击窗口左下角的 Setup。接下来会出现服务器安装窗口（Server Setup），如图 5－7 所示。

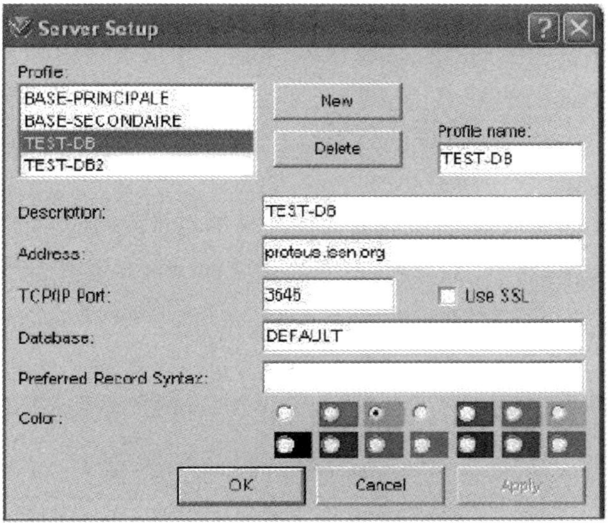

图 5－7　服务器安装窗口截图

在窗口右上角 Profile name 下方的白框内输入一个可以自由连接到数据库的服务器名（例如：Test-DB）；

在 Description 右边的白框内也同样输入这样一个名称（例如：Test-DB）。在地址栏内输入：proteus. issn. org；

在 TCP/IP 端口空白栏处输入端口号，如需要测试 ISSN 数据库（ISSN database）则输入 3545，如测试 ISSN production database 则输入 5000；

不要使用 SSL（即不要在 Use SSL 左方的小白框内打钩）；

Database 白框保留默认状态；

Preferred record syntax 白框内保留空白；

在 Color 处，选定一个颜色；

点击 OK 选项。

上述步骤完成后，此时屏幕上会再次出现名为连接到服务器的窗口(Connect to server)，但此处只有一个服务器可以选择，即前面设置的 Test ISSN DB。

点击该窗口中的连接按钮(Connect)。如出现错误提示，原因则是用户当地的防火墙封闭了数据库端口(ISSN database 端口 3545，ISSN production database 端口 5000)。此时则需要用户对防火墙进行调整。

上述步骤完成后，系统会要求键入用户名和密码(由 ISSN 国际中心获得)。正确输入用户名和密码后几秒钟，Virtua 栏中会出现指示：Current connection：Test ISSN DB(如图 5－8 阴影部分)。这表示设置成功。

图 5－8　用户设置成功截图

接下来需要做的是检查语言文件是否同 Virtua 软件正确配置。首先点击 Virtua 栏左上方带有红色问号的小图标(如图 5－9 黑色箭头所指)：

图 5－9　检索语言文化配置截图

即可得到一个有四个标签的搜索窗口，点击其中的 Keyword 标签，则会出现一个有多项选择栏的窗口(如图 5－10)。

如所出现窗口中的 ISSN 索引选择栏同上图中黑底部分一致，即显示为 ISSN(no hyphen)，则表明语言文件同 Virtua 软件配置成功。否则，该处则显示为 User Defined Search。

下附 ISSN Virtual 服务器各数据库端口：

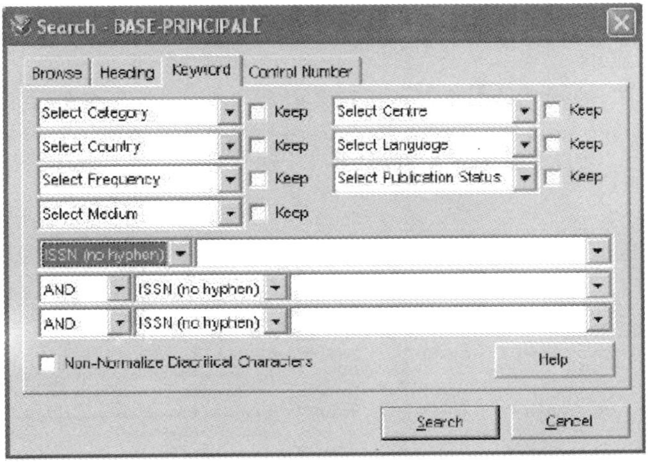

图 5－10　多项选择栏的窗口截图

5000:ISSN database (production)

5100:ISSN assignment request database (production)

3545:test ISSN database

3245:test ISSN assignment request database

3. 检索、显示及 ISSN 数据编目

(1)检索

检索选项即为前一章中提到的 Virtua 栏左上方带有红色问号的小图标,点击后会出现一个有四个不同标签的窗口,分别代表四种不同的检索方式。(四标签分别为:browse, heading, keyword, control number)

关键词检索效率很高,但有如下缺点:在一些情况下可能会很费时;不能检索到近 15 分钟内更新的数据;无法检索到邻近的条目。

浏览检索优点是能连接到数据库中的实际内容,但不能在同一时间选择多个条目。

题名检索可以非常有效的获取所需数,据但却有以下两个缺点:不能在同一时间选择多个条目;不能检索到近 15 分钟内更新的数据。

(2)显示

在一个搜索指令执行后,其相关结果会以简略形式在“题名列表”(List of Titles)窗口中显示,窗口中每列标签的宽度用户可自行调整,如图5-11。

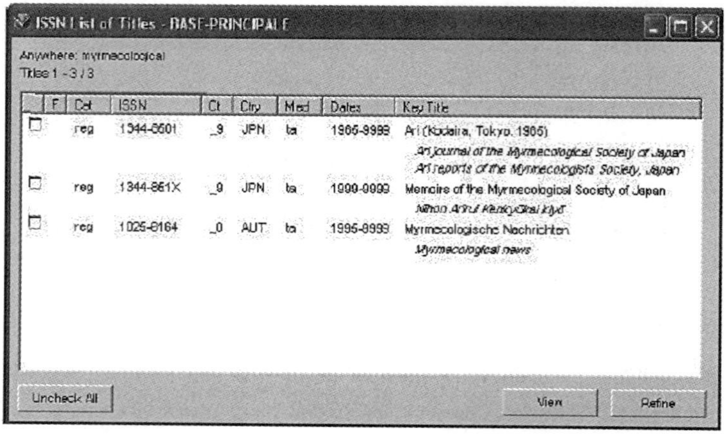

图5-11　题名列表显示截图

搜索窗口中简略形式包括的内容如下:

-类别

-ISSN

-ISSN中心代码

-国家代码

-载体代码

-日期

-识别题名

各数据首先会自动以识别题名为基准来进行分类排序,当然检索结果也可按上述内容进行重新分类排序。如果有变异题名,将会在识别题名的下方以斜体字的形式出现。

题名列表窗口中有名为“F”的一列，如在此列中出现字母“F”则意味着该数据是某 ISSN 家族的一员。

在窗口中可以通过键盘上下键或者拖动垂直滚动条来查看窗口中的数据。但需要注意的是，如果拖动滚动条的速度太快可能会导致 Virtua 用户被冻结。

双击窗口中的任意一条简版数据，将会出现“查看书目数据窗口”，其中包含这条数据的完整信息，分为两个版本：完整显示、MARC 显示（如图 5－12）。

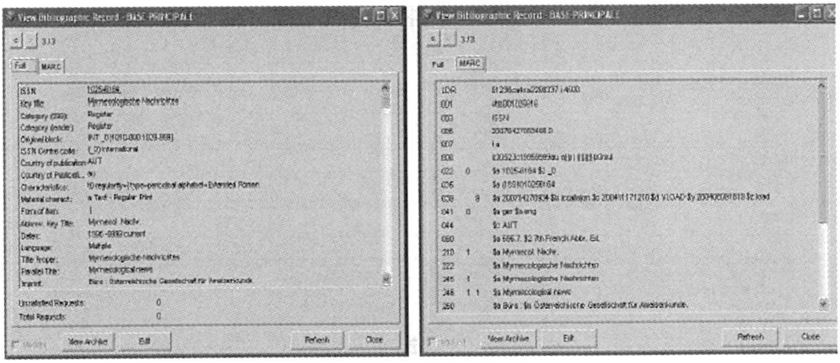

图 5－12　数据信息的完整显示与 MARC 显示截图

请注意只有“MARC 显示”才真正包含所有的数据元素。所谓的“完整显示”只包含选定的且添加标签后的数据元素，其优点在于大部分的编码数据元素是用英语表示。

在“查看书目数据”窗口底部还有两个比较重要的按钮：查看文档（View archive）和编辑（Edit）。

点击查看文档按键后，用户可以浏览该条数据之前的各个版本，但不能改动。

点击编辑按钮后，用户则可以在 MARC 格式中编辑所负责的数据。

(3)ISSN 数据编目

在 MARC 编辑窗口中,用户可以用 MARC 格式对数据进行编辑,如图 5－13。

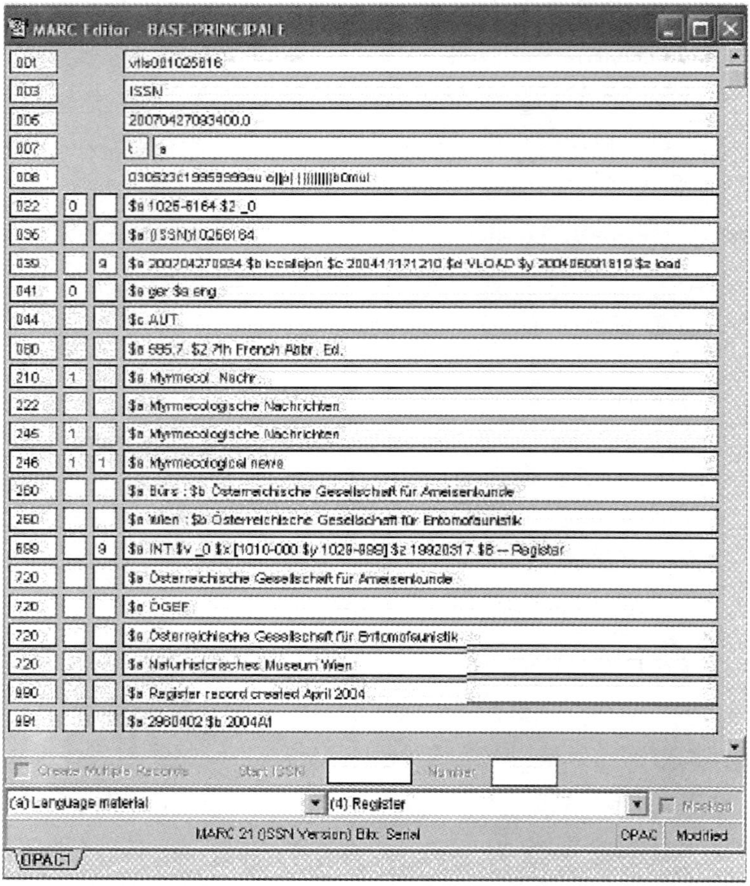

图 5－13　MARC 格式编目窗口截图

在窗口的右下方,用户可通过一个可向下拖动的标签修改该条数据的类别(修改的结果是否生效可在数据保存后查看 600 字段 $8)。

在窗口左下方,同样一个可向下拖动的标签,用户可通过其选择数据类型码。大多数情形下可以让其默认为“language material”。

在著录数据时如需要增加或者删除字段,点击鼠标右键即可,但不能直接修改字段号。

选中一个字段号并点击 F1 键,用户将会得到一个在线的帮助窗口。

可以复制、剪切、粘贴字段(但不能一次涉及多个字段)。

普通字段内的子字段必须手动著录,$a 为默认表示。在“编目选项”键中,用户可以选择用 $或者\作为子字段的标识,如图 5－14。

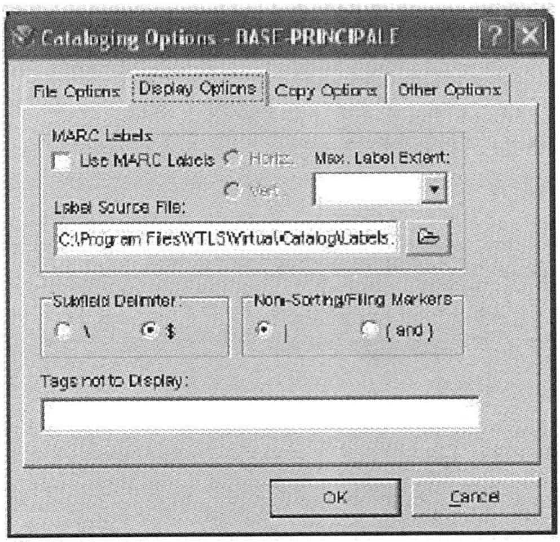

图 5－14　子字段著录截图

固定字段 006/007/008,不能直接被编辑。

006 字段只有在“数据类型”代码未处于默认类型时才需添加,常用的代码有:

e 制图材料

g 媒介载体

i 非音乐类声音记录

j 音乐类声音记录

007 字段可以由系统自动生成或者用户手动添加。修改 007 字段（载体代码），须首先双击字段号，在出现的窗口中选择相应的载体类型，如图 5－15。

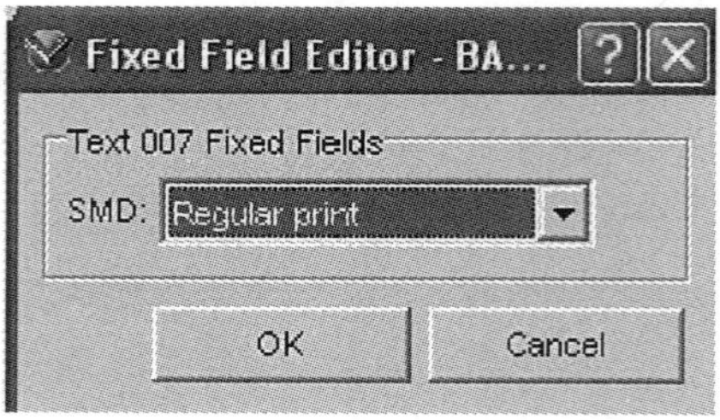

图 5－15　007 字段著录截图

008 字段：点击字段栏将会出现下图窗口，用户可在其中选择不同的代码，如图 5－16。

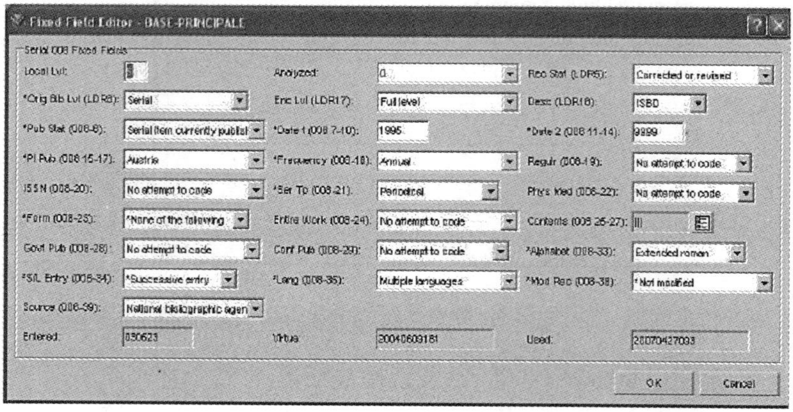

图 5－16　008 字段著录截图

如果用户需要对识别题名进行缩写，任意右击 222 字段中的一个词，将会出现“LTWA”菜单。用户可在其中选择相关单词的缩写形式，如图 5－17。选择后的结果可在 210 字段中得到反映。

原始文档：对于某些文本字段（尤其是题名字段：222、245、246），为了避免这些原始文档错误排序，有必要添加明确的代码。这些代码被称之为 NSB/NSE。

完成数据著录后，用户需要点击保存键将其存入数据库中。

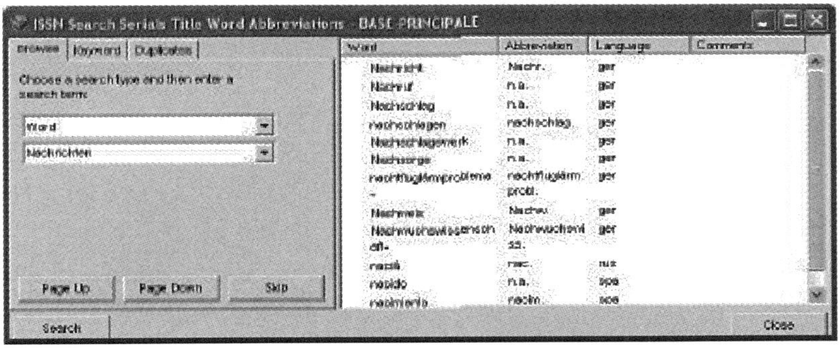

图 5－17 缩略识别题名著录截图

二、初步测试情况

1. 测试过程及主要环节

ISSN 中国国家中心于 2011 年 8 月 2 日向国际中心发出测试申请，于 8 月 5 日开始测试。本次给了 2 个账户，用于 3 人测试。

测试的初步情况大体如下：系统稳定性一般，尤其最初两天，经常出现提示（如服务器忙、连接出错等），特别是数据量大时经常出现死机、退出系统、等待时间长或需要关机重启。后期测试时这种情况出现少一些，但在下午两三点钟时容易出现类似情况（估计此时是欧洲国家上午开机时间，用户增多的原因）。

单条数据的建立、修改，使用本地模板都可行。批检索和部分统计功能可实现。似乎新建数据和修改数据还不能分别统计；可批量下载二进制数据和 Word 文本格式数据，但下载不是很顺利。

2. 具体测试情况记录

Virtua 支持以添加多个 880 字段的方式录入中文信息。经测试，适合添加 880 字段的有 222、245、260、720 和 780 字段。添加 880 字段后,222 和 720 字段对应的 880 字段中文信息能在国际中心网站的"完整模式"下按中文和罗马信息一一对应的顺序显示。添加的所有 880 字段将按字段号顺序在"MARC 模式"下显示。

Virtua 编目界面如图 5－18 所示。

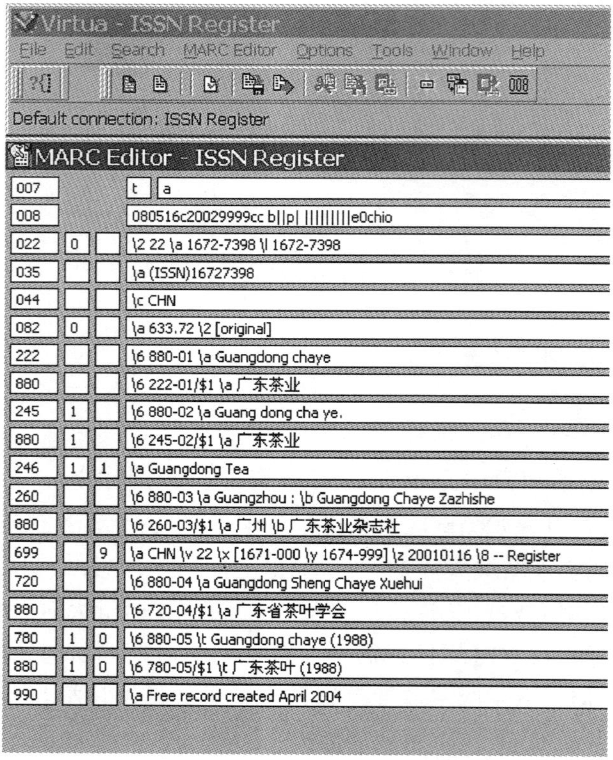

图 5－18　MARC 模式下编目界面 880 字段截图

"完整模式"下显示 222 和 720 字段对应的 880 字段信息,如图 5－19 所示。

first record | previous record | next record | last record

full | marc

Record 1 of 1

ISSN	1672-7398
ISSN-L	1672-7398
Medium	Regular print
Key Title	Guangdong chaye
Key Title	广东茶业
Publisher	Guangzhou : Guangdong Chaye Zazhishe
Country of publication	CHINA
Dates of publication	2002 / 9999 current
Issuing body (as on the piece)	Guangdong Sheng Chaye Xuehui
Issuing body (as on the piece)	广东省茶叶学会
Frequency	Bimonthly
Type of publication	Periodical
Language	Chinese
Title script	Chinese
Title proper	Guang dong cha ye.
Parallel title	Guangdong Tea
Dewey classification	633.72 (original)
Continues	Guangdong chaye (1988)
ISSN Centre	China
Category	-- Register

图 5－19　完整模式下的 880 字段截图

“MARC 模式”下显示的所有 880 字段，如图 5－20 所示。

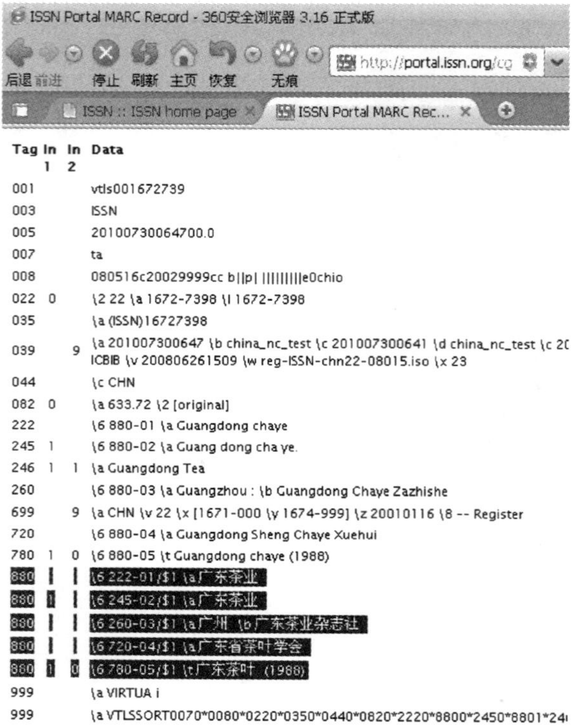

Tag	In 1	In 2	Data
001			vtls001672739
003			ISSN
005			20100730064700.0
007			ta
008			080516c20029999cc b||p| |||||||||e0chio
022	0		\2 22 \a 1672-7398 \l 1672-7398
035			\a (ISSN)16727398
039		9	\a 201007300647 \b china_nc_test \c 201007300641 \d china_nc_test \c 2(ICBIB \v 200806261509 \w reg-ISSN-chn22-08015.iso \x 23
044			\c CHN
082	0		\a 633.72 \2 [original]
222			\6 880-01 \a Guangdong chaye
245	1		\6 880-02 \a Guang dong cha ye.
246	1	1	\a Guangdong Tea
260			\6 880-03 \a Guangzhou : \b Guangdong Chaye Zazhishe
699		9	\a CHN \v 22 \x [1671-000 \y 1674-999] \z 20010116 \8 -- Register
720			\6 880-04 \a Guangdong Sheng Chaye Xuehui
780	1	0	\6 880-05 \t Guangdong chaye (1988)
880			\6 222-01/$1 \a广东茶业
880	1		\6 245-02/$1 \a广东茶业
880			\6 260-03/$1 \a广州 \b广东茶业杂志社
880			\6 720-04/$1 \a广东省茶叶学会
880	1	0	\6 780-05/$1 \t广东茶叶 (1988)
999			\a VIRTUA i
999			\a VTLSSORT0070*0080*0220*0350*0440*0820*2220*8800*2450*8801*24

图 5－20 MARC 模式下 880 字段截图

添加 880 字段虽然能解决 ISSN 中国国家中心需要的关键中文信息点的编目问题，但依然无法解决 CNMARC 数据中的 091、092、215、3--、345、610、690 等字段信息无法被 MARC 21 编目规则容纳的问题。

经测试，Virtua 的 880 字段功能能够使识别题名等关键字段有中文对应信息，增强了 ISSN 数据的实用性。Virtua 与 ISSN Portal 的实时互联极大地方便了数据更新。

然而，Virtua 是用于 ISSN 数据实时对外发布的工具，其功能不能完全取代用于 ISSN 中国国家中心 CNMARC 本地数据编目的系统，CNMARC 本地数据库必须保留。因为 Virtua 没有内部工作库和对外发布库的区分，特殊字段无法设定为完全对外不显示（仅能在“完整模式”下不显示,但在“MARC”模式下依然显示)。

3. 启用国际中心 Virtua 系统编目分析

使用国际中心系统的有利方面是即时上传编目数据,省去批量抽取和提交数据环节,提高时效性。

但现有情况下启用国际中心系统条件还不成熟还在继续调研中。其一,如果使用该系统就只能解决罗马化数据编目问题,ISSN 中国国家中心就不再继续建立罗马化数据,如需数据备份也只能从对方服务器按月度下载并保存。其二,ISSN 中国国家中心日常罗马化编目和统计工作可能受对方服务器稳定性及网络运行的限制。数据统计工作还可能需要从多个检索点进行下载,进行统计分析,如果国际中心限制下载量也可能不能满足 ISSN 中国国家中心的使用需求。其三,以往 ISSN 中国国家中心传送 ProQuest 公司用于《乌利希期刊指南》的罗马化数据也将只能从国际中心服务器下载,国际中心是否同意 ISSN 中国国家中心下载数据后的这个用途,还是未知。但是非常明确的是,国际中心的数据是以产品形式商业运作的。

此外,国际中心系统每周日格林尼治时间上午 4:00 至上午 7:00(北京时间为 12:00—15:00)因备份操作而中断,这个时间段,系统不可用。虽仅周日系统不可用,但基于我国目前节假日调休安排,逢周日上班也有几个工作日,这可能也会给工作带来不便和影响。

综上所述,ISSN 国际中心 Virtua 系统的启用还需进一步调研。

第七节　ISSN 申请免费政策

ISSN 中国国家中心于 2010 年元月起取消收取 ISSN 办理手续费,推出免费政策。这一举措一改多年收取费用的做法受到出版业界的好评,同时也重新回归 ISSN 国际中心免费申请 ISSN 这个宗旨。

ISSN 中国国家中心早期曾向申请 ISSN 的出版机构收取过人民币

50 元手续费，于 2000 年前后开始收取人民币 300 元手续费。2008 年，ISSN 国际中心需要更新网页中“申请指南——通过 ISSN 国际中心网站申请 ISSN”栏目，需要 ISSN 中国国家中心协助翻译成中文版，文中醒目的一款明确指出“ISSN 的分配是免费的”。与此同时也了解到 ISSN 办理的下游环节——出版物条码制作，条码中心也已经取消了“出版物条形码胶片费”的收费。于是 ISSN 中国国家中心也随即推出了 ISSN 免费申请政策。

ISSN 免费申请政策推出的具体时间确定后，ISSN 中国国家中心一方面很快告知了国际中心，国际中心主任回信赞扬并感谢中国国家中心所做的工作和付出的努力。另一方面，ISSN 中国国家中心及时将此信息在网页上登出，使出版机构能尽快了解。免费实施后，时常收到出版机构的好评，由于认识到 ISSN 注册与管理是免费服务，在某种程度上出版机构对 ISSN 注册与管理工作更加理解和配合了。

在进行文化体制改革的大环境下推出 ISSN 申请免费政策，充分体现了国家图书馆在提供公益性服务方面所做出的努力。ISSN 中国国家中心的工作也在这个思想指导下，不断开拓创新，不断取得新的成果。

第八节　加强数据开放

一、开展 ISSN 中国国家中心数据对外开放的调研

在当前条件下，ISSN 中国国家中心尚未全面开放数据库的书目数据，一方面受限于现用的丹诚数据库系统，另一方面受限于书目数据还有待完善的数据现状。调查研究从数据自身的纵向对比和与其他机构书目数据的横向对比切入，深度剖析 ISSN 中国国家中心的数据现状，分析制约目前数据全面开放的根本原因，并结合对业界需求的

调研和分析，就数据逐步实现选择性局部开放提出切实可行的工作计划。

1. ISSN 数据自身面临的问题

(1)数据库不完整的问题

ISSN 中国国家中心需要给获得 ISSN 的中外文期刊、少数民族语文期刊、年鉴、光盘、网络版连续性资源建立数据。现在民语、小语种期刊书目数据的编目正处于建设中，光盘版的数据正在逐步建立，网络版的数据目前虽然不多，却代表了未来发展趋势。数据库建设是各项工作之根本，逐步解决数据库不完整的问题才是面临的首要问题。

(2)数据的阶段性差异

ISSN 中国国家中心 25 年的发展历史上经历了人事更迭、系统变更、流程改进、国际标准和国内编目规则推陈出新等一系列过程。按照数据建立的时间轴纵向对比，可以看出 ISSN 数据呈现显著的阶段性差异，如表 5－16 所示。

表 5－16 数据的阶段性差异

第一阶段(1990—2002 年)	第二阶段(2004—2007 年)	第三阶段(2008 年至今)
无 092 字段	有 092 字段	同第二阶段
100 字段著录不完整	100 字段著录完整	同第二阶段
200 字段英文并列分册题名：用“.”著录在 $d，不用“$i”	改用 $i，不用“.”	同第二阶段
无 326 字段	无 326 字段	新增 326 字段，并在更新数据上增加 326 字段
345 字段较简单	345 字段较全面	345 字段较全面
无 510 字段	有 510 字段	同第二阶段
676 字段无 $v	676 字段有 $v	同第二阶段

续表

第一阶段(1990—2002 年)	第二阶段(2004—2007 年)	第三阶段(2008 年至今)
690 字段无 $v,部分子字段存在系统显示错误,分类号含 Z51 的数据 1000 余条,含 Z52 的数据 830 余条	690 字段有 $v,子字段格式未出错。尚有出现 Z52 的学报数据 3 条	690 字段有 $v,子字段格式未出错。不再使用馆内自行约定的 Z51、Z52
采用 710 字段,无英文名称和责任关系子字段	改用 711,有英文名称和责任关系子字段	同第二阶段
采用 802 字段	改用 801 字段,无 802 字段	改回 802 字段,无 801 字段
顺序 345 字段位于 200 字段和 207 字段之间,710 字段位于 610 和 676 字段之间	字段顺序无错乱	字段顺序无错乱

①第一阶段。1990—2002 年,记录索引号从 0000184—0010910 的数据是 ISSN 中国国家中心第一阶段的数据。此阶段的数据特点是著录字段较简单,信息不完整。

此阶段数据与后期新数据有差异的字段分别是:

a. 100 字段。一般处理数据字段的描述较简单,只包含入档日期、出版日期类型(现刊或停刊)、出版日期、编目语种及题名语种代码五项内容。

例:

100##$a20020830a20029999 chi ea

b. 200 字段。英文并列分册题名,没有使用 $i 著录,而是使用“.”著录在 $d。

例:

2001# $a 吉林大学学报 $AJilin Daxue xuebao$i 工学版 $iGongxue

ban $dJournal of Jilin University. Engineering and Technology Edition $zeng$f 该刊编辑部

c. 326 字段。除了 2008 年以后更新的数据以外，此段数据无出版频率附注 326 字段，只有连续出版编码 110 字段反映出版频率。

例：

110##$aaha

d. 345 字段。采访信息附注较简单，一般只著录了地址。

例：

345##$a 文津街 7 号

e. 510 字段。无并列题名 510 字段。

f. 676 字段。该字段的 DDC 类号没有标明版次 $v。

例：

676##$a020

g. 690 字段。中图法分类号字段没有标明版次 $v。可能由于系统出错的原因，690 字段有一部分是 2 个分类号连在一起。且学报类刊物的中图分类号采用了某个时期规定性的做法，而中图法并无相应依据的 Z51 和 Z52 来分别区分社会科学版与自然科学版。其中中图分类号为 Z51 的数据约 1000 余条，为 Z52 的数据约 830 余条。

例：

《包头职大学报》(ISSN 1671 - 1440)

690##$aZ51Z52

h. 710 字段。团体主要责任使用的是 710 字段，且没有著录责任者的英文名称，后期更新的部分数据改用 711 字段，且著录了英文名称。

例：

710##$a 中国图书馆学会

i. 802 字段。采用 802 字段记录 ISSN 中国国家中心代码，不同于第二阶段采用的 801 字段

例：

802##$a22

j. 部分字段顺序颠倒。由于 2003 年 ISSN 中国国家中心更换系统，数据从 ISDS 微机信息交换与管理系统导入目前的丹诚系统（DT—1000）遇到技术障碍，1990 年—2002 年的数据存在字段排列顺序颠倒的问题。具体表现形式为，345 字段位于 200 字段和 207 字段之间，710 字段位于 610 和 676 字段之间。对于此问题，ISSN 中国国家中心在更新数据时一直采用手工修改，但还没有把全部数据都依次修改过，此问题有待进一步解决。

②第二阶段。2004—2007 年，记录索引号从 0010911—0012947 的是 ISSN 中国国家中心第二阶段的数据。从第二阶段起，ISSN 数据全面完善，补充了很多字段和子字段。以《复旦学报 · 医学版》（ISSN 1672 - 8467）为例，与第一阶段对比有变化的字段如下：

a. 092 字段。开始完整客观著录国内、国外订购号。

例：

092##$aCN $b4 - 262$cBM199

b. 100 字段。信息较全面，包含入档日期、出版日期类型（现刊或停刊）、出版日期、阅读对象代码、政府出版物代码、编目语种代码、音译代码、字符集、题名语种代码。

例：

100##$a20040209a20029999km y0chiy0110 ea

c. 200 字段。并列分册题名用 $i。

例：

200 1#$a 复旦学报 $i 医学版 $AFudan xuebao$iYixue ban$dJournal of Fudan University$iMedical Science$zeng$f 该刊编委会

d. 345 字段。采访信息较全面，包括编辑部地址、电话、传真、电子邮箱、网址等。

例：

345##$a 编辑部地址：上海市医学院路 138 号（200032）；Tel：（021）54237164；E-mail：xbyxb@ shmu. edu. cn

e. 510 字段。客观著录并列题名。

例：

5101#$aJournal of Fudan University$iMedical Science$zeng

f. 676 字段。开始用 $v 表示 DDC 分类号所据版次。

例：

676##$a610$v19

g. 690 字段。尚有三条 2004 年或 2005 年创建的学报类刊物数据采用 Z52 表示自然科学版。本阶段开始用 $v 表示中图分类号所据版次。

例：

690##$aG649. 285. 1$v4

h. 711 字段。改用团体等同责任表示责任者，重复 $a 著录责任者的英文名称以满足提交国际中心的需求（与提交国际中心的罗马化数据的英文名称对应），以 $4 著录责任者与连续性资源的责任关系。

例：

71102$a 复旦大学 $aFudan University$4 主办

i. 801 字段。改用记录来源字段 801，不再著录 802 字段。

例：

801#0aCNbNLC$c20040209

③第三阶段。2008 年至今，是 ISSN 中国国家中心第三阶段的数据。此阶段与第二阶段的数据整体保持一致，开始在新建和更新数据上都增加 326 字段，改进对出版频率变化的更新。改用 802 字段，不再记录 801 字段。

（3）数据创刊年和停刊年需要校对更新

目前送往国际中心的每一批新建数据和更新数据，其创刊年和停刊年都经过了严格的校对和更新。由于中心发展历史上经历了对杂志社的了解逐步深入的过程,部分过去按杂志社提供的信息著录的创刊年实际上是与目前 ISSN 中国国家中心搜集到的样刊情况不符的,因此,每条提交的数据都必须经过完整细致的考证和更新。

如果对外开放数据,本着对用户负责、对中心数据质量负责的原则,只能开放已完成校对和更新的近期刊物部分数据。

(4)数据问题产生的原因

①中心自身有不断发展完善的过程。每个机构都有从初步建立到日臻完善的过程。ISSN 中国国家中心建立之初,信息源单一,基本是单纯依靠杂志社提供的填表信息和样刊。没有互联网阶段,信息查证渠道更少。ISSN 中国国家中心和杂志社对于刊物创刊年的认定存在差别。杂志社对国际标准的规定不太了解,创刊历史有时追溯得比实际的久远,有时又只提交了获批公开发行的刊物信息。ISSN 中国国家中心也是在实践中逐渐发现问题,逐渐普及对国际刊号标准的宣传,逐条核对修改有历史遗留问题的数据。著录的字段在中心发展过程中逐步增加并日趋完善。

②数据库经历了不同阶段。ISSN 中国国家中心曾使用磁带和软盘作为存储介质用于数据管理与数据交换。2003 年系统转换为目前的丹诚系统(DT—1000)后,还存在少量由于技术问题导致的格式问题未解决。

③编目标准及规则不断推陈出新。MARC 21 影响力的扩大直接影响了《ISSN 手册》的更新,中图分类法的版次更新,对学报类刊物的分类号不同时期不同的处理方式,光盘版、网络版连续性资源的出现给连续资源编目带来的新课题,这都需要编目工作不断跟进和完善。

(5)有待逐步开展的工作

需要首先探讨如何改进数据质量,逐步解决自身数据的问题,数据开放才会产生积极效应。

①抓好当下。从抓好当下工作做起,做到新刊数据不积压,加快

催刊频率,加强数据更新与维护。

②推进数据库建设。探讨民语期刊、小语种期刊等数据的编目问题,探讨规范标准的采用及制定实施规划,推进 ISSN 中国国家中心的数据建设,逐步建立较为完善的 ISSN 数据库。

③系统梳理数据。针对所发现的字段格式存在的差异,制定可行性维护方案,分批分期完善数据。

2. ISSN 数据与图书馆数据差异对数据开放的影响

ISSN 书目数据的编目对象是连续性资源,目前又以中文期刊最多。所以有必要与馆藏中文期刊数据的对比,通过横向对比分析 ISSN 书目数据与业界同类数据在对待审批制和更新上的显著差异。

(1)创建数据的依据

ISSN 中国国家中心数据反映了刊物在审批获准情况下的继承演变,馆藏中文期刊数据反映了刊物依托不同的刊号资源辗转出版的历史。ISSN 中国国家中心要贯彻 ISO 国际标准和国家出版管理规定,为获批出版的国内连续性资源建立 ISSN 注册书目数据,中刊组要有效保存和揭示期刊馆藏,职能不同、视角不同,导致"一号多刊"的期刊数据在题名、刊号、连接款目和出版频率等字段都呈现出差异。

这种差异正是 ISSN 中国国家中心数据对中刊数据具有参考价值的地方,对不明情况的机构和个人却是容易造成困扰的问题所在。如果未经处理,直接向用户开放,可能对用户,尤其是普通读者造成很大困扰。

(2)ISSN 中国国家中心数据的更新

①差异的表现形式。ISSN 中国国家中心数据在部分责任者信息、停刊信息、更名信息和刊号信息的更新方面做得较好,但在其他方面,特别是停刊及出版频率更新方面总体滞后。

ISSN 中国国家中心更新数据的主要参考信息源是:新刊申请刊号时提交的批文,新闻出版署抄送的部分刊物变更信息、出版社提交的样刊信息。中心以这些信息为线索进行催刊,或参考已有的馆藏资源进行最终的数据更新。而期刊办完号后催刊难度增大,违规出版的刊物规避与 ISSN 中国国家中心的联系,对催刊工作消极配合。虽然 ISSN 中国国家中心积极干预,但要求刊物从违规到正规出版仍然需要经历漫长的过程,诸多此类因素导致了 ISSN 中国国家中心部分数据更新的滞后。

②ISSN 中国国家中心数据字段更新的优缺点对数据开放的影响。数据更新方面的差异有利有弊。如果对外开放,ISSN 数据更新较好的字段能够更及时地为业界,特别是中国国家图书馆中刊组提供借鉴。不过,中刊组目前也一直能连接 ISSN 中国国家中心服务器访问 ISSN 中国国家中心数据库,借鉴作用其实已经得到体现。然而,ISSN 更新滞后的字段如果对外开放,则会给用户,尤其是普通读者造成困扰。并且,ISSN 中国国家中心数据最重要的价值是记录和标识期刊身份,动态更新方面各个有馆藏的图书馆都做得更好,ISSN 中国国家中心数据开放所有字段的必要性还需进一步探讨,选择性地开放 ISSN 中国国家中心数据的某些字段可能更具实际意义。

(3)“补号”数据的问题

ISSN 中国国家中心有部分应国际中心要求给国际上有馆藏的部分刊物补配 ISSN 号的情况,这些数据多属于创刊年代久远,停刊年月不详的回溯数据,中国国家图书馆并无馆藏。ISSN 中国国家中心是根据国际中心提供的刊物资料及广泛查阅各馆馆藏或其他书目信息著录的数据。这部分数据如果开放,可能会干扰读者的借阅活动。

3. 国外 ISSN 中心的开放情况调研

为了借鉴国外同行的情况,ISSN 中国国家中心选取了一些有代表性的国家中心以及国际中心,对其数据开放情况展开调研。本次调研活动共发放问卷 18 份,回收有效问卷 10 份,根据整理资料分析如下。

(1)受调研 ISSN 中心数据开放情况

国外 ISSN 国家中心绝大多数为选择性开放。

图 5－21　国外 ISSN 国家中心数据开放概况

表 5－17　国外 ISSN 数据开放详情

ISSN 中心	数据对外开放范围与程度	开放字段
瑞典 ISSN 中心	0	0
ISSN 国际中心	各 ISSN 国家中心及 ISSN Portal 的年度订阅用户	所有 ISSN MARC 字段
美国 ISSN 中心	图书馆有馆藏的数据	MARC 21 所有字段
加拿大 ISSN 中心	图书馆有馆藏的数据	AMICUS 所有字段
日本 ISSN 中心	2002 年后创建的数据	本地数据的所有字段
波兰 ISSN 中心	馆域范围内开放	除编目员附注外的所有字段
捷克 ISSN 中心	对外选择性开放	除编目员附注及采访信息
印尼 ISSN 中心	对外选择性开放	ISSN、记录生成日期、识别题名、出版发行项
韩国 ISSN 中心	对外选择性开放	ISSN，正题名（不是识别题名），期刊起始年和停刊年，数据创建日期，出版频率，物理载体，出版者，先前题名，后续题名

（2）对 ISSN 中国国家中心的借鉴意义

最重要的结论就是，除了全部不开放的瑞典中心和全部开放的挪威中心，ISSN 国际中心和各国家中心都根据自己的情况进行了选择性开放。ISSN 中国国家中心数据有个别“补号”的，这类数据可能中国国家图书馆没有馆藏，而是依据国际中心提供信息或参照其他图书馆馆藏建立的。这类数据可以参考加拿大和美国 ISSN 中心的做法，不予开放。调研范围内所有的 ISSN 国家中心都开放的是与 ISSN 号、记录生成日期、题名（识别题名/正题名）及出版发行项有关的字段，ISSN 中国国家中心也可以结合自身情况和业界需求，探讨选择性局部开放的可行性问题。

二、ISSN 中国国家中心数据开放的各项工作

1. 针对业界需求分析

据 ISSN 国际中心对业界需求的分析，ISSN 书目数据对出版商、供应商、订刊机构、书商、图书馆员、情报学者、联合编目和研究者都有利用价值。

（1）书目机构的需求

ISSN 中国国家中心也选取了有代表性的图书馆，对其需求进行调研，结果由于各馆的编目和采访有一定差异，导致对数据需求的差异。

有的图书馆表示有部分需求。该图书馆新建数据遵循与国家新闻出版管理政策严格一致的原则。只有当国内统一刊号（CN）与国际刊号（ISSN）均发生变化时，才给新刊新建数据。在采访业务上，注意对非法出版物的筛选，对非法出版物不予上架。该类图书馆对 ISSN 数据的需求集中在刊名、ISSN 号和 CN 号字段，ISSN 中国国家中心数据客观记录了新闻出版署等国家新闻出版管理部门的审批情况，是该图书馆验证期刊 ISSN 注册情况的权威数据源。

此外，也有图书馆对 ISSN 数据的需求仅需要刊名、ISSN 号字段，还有图书馆希望开放 210 字段出版发行时间子字段用于编目参考，开放 345 字段采访信息附注用于采访的催缺补刊参考。

（2）针对个人用户需求

根据 ISSN 中国国家中心日常工作的经验，个人用户对数据的需求集中在验证刊物是否属于正规出版物方面。个人用户因为评职称、申报项目、投稿等需求联系 ISSN 中国国家中心要求核对刊名和刊号

以作出判断。对于此类需求，目前 ISSN 中国国家中心只能提供部分参考信息。因为 ISSN 数据分布在全球各个中心。有一部分正规的中国刊物可能转至国外出版，一段时间后又回到中国出版。他们在其他国家中心或者在国际中心申请了 ISSN 号，这部分书目数据有可能在国际中心数据库，也可能在其他国家中心的本地数据库，还有可能在数据责任管理转移的流程中。所以有些个人用户的咨询单纯依赖数据信息不一定能正确推断出正确结论，还需查阅其他登记信息以佐证。

2. 开展全方位多角度的数据开放

目前情况下，ISSN 中国国家中心根据自身的资源现况，在一定程度上实现了数据的对外开放。

（1）作为国际中心书目数据的组成部分对订阅者开放

ISSN 国际中心的数据以 ISSN Portal 的产品形式接受年度订阅，也对各个 ISSN 国家中心开放。ISSN 中国国家中心定期向国际中心提交罗马化的书目数据，作为数据产品的组成部分对订阅用户和各 ISSN 国家中心开放。

（2）对《乌利希期刊指南》开放

2008 年起，ISSN 中国国家中心已经将罗马化的 ISSN 数据定期通过 ProQuest 公司提供给《乌利希期刊指南》使用。

（3）对国家图书馆中刊组和外刊组开放服务器访问权限

国家图书馆中刊组和外刊组可以通过固定用户权限访问 ISSN 中国国家中心的服务器，实时参考 ISSN 中国国家中心数据。

（4）通过 ISSN 中国国家中心网页提供 ISSN 查询

多年来，ISSN 中国国家中心阶段性地将注册 ISSN 的连续性资源以列表形式，公布于国家图书馆网站 ISSN 中国国家中心网页，用户可按“识别题名”和“ISSN”查询。后期经过不断完善和改版，发布周期逐渐缩短，发布方式变更为“简版数据（时间）”、“详版数据（时间）”以及按“ISSN 查询”、“按识别题名查询”。特别需要提到的是，2010 年后扩充为详版数据发布，数据元素更加充实，检索项目扩充为：ISSN、识别题名、CN、主办单位、出版单位、创刊年，见如下网页截图。这更好地满足了用户的查询需求，如图 5－22 所示。

ISSN	识别题名	CN	主办单位	出版单位	创刊年
1673-6214	失效分析与预防	36-1282/TG	南昌航空大学；北京航空材料研究院	该刊编辑部	2006
1673-8748	航天器工程	11-5574/V	中国空间技术研究院；北京空间飞行器总体设计部	《航天器工程》编辑部	1992
1673-8918	考试周刊	22-1381/G4	长春出版社	考试周刊杂志社	2007
1673-9523	中国现代药物应用	11-5581/R	中国医院协会	该刊编辑部	2007
1674-277X	小学教学（2007）	41-1394/G4	河南教育报刊社	河南教育报刊社	2007
1674-2834	Atmospheric and Oceanic Science Letters	11-5693/P	Institute of Atmospheric Physics, Chinese Academy of Sciences	Science Press	2008
1674-3202	逻辑学研究	44-1649/C	中山大学；中国逻辑学会；中山大学逻辑与认知研究所	该刊编辑部	2008
1674-3504	东华理工大学学报（自然科学版）	36-1300/N	东华理工大学	该刊编辑部	2008
1674-3512	东华理工大学学报（社会科学版）	36-1299/C	东华理工大学	该刊编辑部	2008
1674-3571	徐州工程学院学报（社会科学版）	32-1790/C	徐州工程学院	徐州工程学院学报编辑部	2008
1674-358X	徐州工程学院学报（自然科学版）	32-1789/N	徐州工程学院	徐州工程学院学报编辑部	2008

图 5－22　ISSN 中国国家中心网页数据查询截图

综上所述，ISSN 中国国家中心需要在数据不断完善、数据库系统不断优化的基础上，逐步实现更为全面的数据开放的目标。

第九节　罗马化数据编目 ISSN MARC 转换 MARC 21

ISSN 国际中心及各个国家中心一直以来都是采用 ISSN MARC 进行书目数据编目，各国家中心提交国际中心的数据也都是 ISSN MARC 格式。但 2009 年起国际中心编目规则并入了 UNIMARC 和 MARC

21，且未来将采用MARC 21替代ISSN MARC。那么，ISSN中国国家中心采用的编目格式也需要做相应的改变。

两种格式比较，ISSN MARC数据记录相对简约，数据元素相对少一些，记录有简短记录和完整记录之分，当前绝大多数中心都使用完整记录。ISSN MARC数据不著录MARC 21数据的卷期标识等描述性细节和附注项内容，相对重视揭示题名信息，特别是与识别题名有关联的变异题名、缩略题名、先前题名、后续题名等揭示，在有关联关系的连续性资源间建立起连接。

除今后编目格式采用MARC 21外，还有一项重要的工作就是将ISSN中国国家中心原有ISSN MARC格式数据转换为MARC 21格式数据。数据转换工作任务繁重，涉及以下几个方面：

一、转换方案选择

1. 转换方案一

具体工作内容与流程：

（1）转换前对照ISSN MARC核对、修改数据1.4万余条，主要是008定长字段以及子字段格式与内容等，以保证现有数据格式的准确。

（2）建立格式转换对照表。将两种格式所有字段进行对应、比较，建立对照表。

（3）编程人员编制转换程序，进行数据转换。

（4）转换后对照MARC 21格式核对、修改所有数据。

（5）对经转换的数据核对，并对发现的问题进行汇总、分析，必要的话还需重新走一遍上述流程。

（6）转换过程中如遇丹诚系统方面问题，如原系统文件设置不能满足需要等，还需解决数据系统方面的问题。

（7）将MARC 21数据输出，试送国际中心，分析其反馈意见，如有问题再查找，或再重新走一遍上述流程（即再修改对照表、转换、输出及传送国际中心）。

2. 转换方案二

具体内容与流程包括:

(1)将国际中心提供的 MARC 21(UTF－8)数据转换成 MARC 21(GBK),灌入丹诚数据库系统(1.39 万余条)。

(2)分析灌入的数据情况,对乱码、未成功转换的字段格式、指示符、文字(小语种文字等)进行分类汇总,确定数据修改规则及方法。

(3)针对灌入 ISSN 中国国家中心数据库系统中的问题数据进行汇总、分析,送国际中心,分析反馈意见,如有问题再重新转换数据。

(4)制定转换后 MARC 21 数据与原库 ISSN MARC 数据核对、修改方案。

(5)依据 MARC 21 数据(1.39 万余条)对照 ISSN 中国国家中心 ISSN MARC 数据(1.4 万余条)核对数据、修改数据,补建缺失数据。

经过对工作量、难易程度及数据批量转换工具的综合考量,选择采用方案二。

二、数据批量转换

1. 国际中心提供的 ISO 2709 格式 MARC 21 数据(UTF－8),初次转换不成功,有很多数据出现乱码,无法灌入丹诚数据库系统

例:

000000006 LDR　L 00523cas^a2200169^i^4500

000000006 008　L 910609d19791988cc q||p| |||||||||e0chio

000000006 0220# L　$ $222 $ $a0253 －3790 $ $l0253 －3790

000000006 044## L　$ $cCHN

000000006 080## L　$ $a539 $ $2[orig. ed.]

000000006 2101# L　$ $aYu 谩 nz 菓 h 茅 w 霉 l 菓

000000006 222## L　$ $aYu 谩 nz 菓 h 茅 w 霉 l 菓

000000006 24611 L　$ $aChinese journal of nuclear physics

000000006 260## L $ $aB 脟 ij 墨 ng: $ $bYu 谩 nz 菓 n 茅 ng ch 奴 b 渫 nsh 猫.

000000006 720## L $ $aZh 艒 nggu 贸 h 茅 w 霉 li i xu 茅 hu 矛

000000006 720## L $ $aChinese Nuclear Physics Society

000000006 78510 L $ $tChinese journal of nuclear physics $ $x1001 – 6031

2. 再次转换

参考《国家图书馆元数据应用总则规范汇编》。该书主要内容涉及:"该系统建立通讯格式输出与转换、MARC—国家图书馆核心元数据集间的对照转换的软件系统,实现 ISO 2709 格式和 XML 格式的相互转换、CNMARC—国家图书馆核心元数据集元数据记录的对照转换以及 MARC 21—国家图书馆核心元数据集元数据记录的对照互换等功能。"

使用国家数字图书馆工程标准规范项目研制成果之一的国家图书馆元数据对照转换程序软件转换,此次转换比较成功,但因数据源等多种因素仍需对汇总转换后的问题数据进行分析、比对。

三、MARC 21 数据(GBK)灌入丹诚系统问题分析

事实上,由于不同历史时期建立的数据本身的问题、字符转换问题等,有些数据还未能完全成功转换。

同时,与 ISSN MARC 比对存在因诸如定长字段、指示符、字段属性(必备、可重复等)、子字段结束符、子字段前置符、罗马化字符的切音、切词等因素发生的变化。

下面是将转换后的 MARC 21 数据(GBK)灌入 ISSN 中国国家中心丹诚数据库系统后需手工干预修改的情况的初步汇总:

1. 中文罗马化字符不能完全显示

例 1:(260 字段)

00409cas a2200145 i 45

007ta

008891124c19789999cc#q||p|#|||||||||e0chio

0220# 222a0254 -7791$l0254 -7791

044## $cCHN

0820# $a510$2[orig. ed.]

222## $aJìsuàn shùxué

245#1 $aJìsuàn shùxué.

24611 $aMathematica Numerica Sinica

260## $aB? ijīng: $bKēxúe chūb? nshè.

720## $aZhōngguó Kēxúegùan Jìsuàn Zhōngxīn

例 2:(260 字段 KeJi 应为 Ke -Ji)

007ta

008881214c19809999cc f||p| |||||||||e0chio

022#0 $222 $a1000 -2561 $l1000 -2561

044## $cCHN

082#0 $a631 $2[orig. ed.]

222## $aRedai zuowu xuebao

245#1 $aRedai zuowu xuebao.

24611 $aChinese Journal of Tropical Crops

260## $aHainandao: $bHuanan Redai Zuowu Kexue Yanjiuyuan Ke Ji Qing bao Yanjiusuo.

720## $aZhongguo Redai Zuowu Xuehui

720## $aHuanan Redai Zuowu Kexue Yanjiusuo

720## $aHuanan Redai Zuowu Xueyuan

2. 缺少必备字段,内容不全

例:(222 字段)

00186cas a2200085 i 45

007ta

008831110u19uu9999cc#u||||#||||||||||b0chi

022#1 222a0301 -9764$l0301 -9764

044## $cCHN

222## $a? nhuī wényì

3. 西班牙文未显示

例:1674 -9723(246 字段)

007ta

008121102c20109999cc#b||p|#|||||||||e0mulo

022#0 $a1674 -9723$222$l1674 -9723

044## $cCHN

082#0 $a306$2[current]

082## $a495. 1$2[current]

222## $aKongzi Xueyuan$b(Zhong-xiwen duizhao ban)

245#1 $aKong zi xue yuan.

24611 $aInstituto Confucio (**Versi′? n chino-espa′? ol**)

260## $aBeijing: $bGai Kan Bianjibu

720## $aGuojia Han-ban

720## $aHanban

720## $aKongzi Xueyuan Zongbu

720## $aOficina Central del Instituto Confucio

765#0 $tKongzi Xueyuan$x1674 -1781

4. 缺少 001 字段(控制号)

ISSN 中国国家中心 ISSN MARC 数据 001 字段均著录的是无“ - ”ISSN 号(仅 8 位数字),现灌入的 MARC 21 数据无 001 字段。

5. 个别数据包含 880 字段(图形文字)

ISSN 中国国家中心 ISSN MARC 数据无 880 字段,现灌入的 MARC 21 的个别数据包含有 880 字段。

例:1000 -5390

007ta

008880323d19811985cc#b||p|#|||||||||e0chio

022#0 222a1000 -5390$l1000 -5390

044## $cCHN

082#0 $a610 $2[orig. ed.]

222## $aShanghai di-er yixueyuan xuebao

245#1 $6880 -01 $aShang hai di er yi xue yuan xue bao.

24611 $aActa Academiae Medicinae Secondae Shanghai

260## $aShanghai: $bShanghai Di-Er Yixueyuan.

720## $aShanghai Di - Er Yixueyuan

78010 $tShàngyī xuébào$x0559 -7374

78510 $tShànghǎi dìèr yīkē dàxué xuébào$x0258 -5898

880#1 $6245 -01/ 1a 上海第二医学院学报

6. 082 字段(杜威十进制分类号)指示符显示错误

2 个 082 字段的,第 1 个 082 和第 2 个 082 字段的指示符显示不同,第 2 个 082 字段指示符显示错误。(ISSN MARC 不可重复 082 字段,可重复 $a 子字段,而 MARC 21 均可重复)

例:1673 -0194

007ta

008060718c20059999cc#m||p|#|||||||||e0chio

022#0 222a1673 -0194$l1673 -0194

044## $cCHN

082#0 $a658. 503 6$2[original]

082## $a001. 539$2[original]

222## $aZhongguo guanli xinxihua

245#1 $aZhong guo guan li xin xi hua.

24611 $aChina Management Informationization

260## $aChangchun：$bZhongguo Guanli Xinxihua Zazhishe.

720## $aJilin Kexue Jishu Chubanshe

78010 $tZhongguo kuaiji diansuanhua$x1671 –4377

7. 包含080字段(国际十进制分类号)

ISSN中国国家中心采用082字段(杜威十进制分类号),而不采用080字段(国际十进制分类号)。

例:0253 –357X

007ta

008870330c19809999cc#q||p|#|||||||||e0mulo

0220# $222 $a0253 –357X$l0253 –357X

030## $aSCYYDZ

044## $cCHN

080## $a575$2[curr. ed.]

21011# $aShēngzhí yǔ bìyùn

222## $aShēngzhí yǔ bìyùn

24611 $aReproduction and contraception

260## $aShànghǎi：$bShànghǎi Kēxué jìshùchūbǎnshè

8. 222字段包含$2子字段(来源)和$l子字段(连接ISSN)

ISSN中国国家中心原ISSN MARC数据022字段不著录$2和$l子字段,现灌入的MARC 21数据包含该子字段。

例:

007ta

008120405d20032005cc#b||p|#|||||||||e0chio

022#0 $a1672 –0849 222l1672 –0849

044## $cCHN

082#0 $a630$2[original]

082## $a333.73$2[original]

222## $aZhongguo nongye ziyuan huanjing wenzhai

245#1 $aZhong guo nong ye zi yuan huan jing wen zhai.

24611 $aChinese Agricultural Abstracts of Resource and Environment

260## $aBeijing: $bZhongguo Nongye Kexueyuan Keji Wenxian Xinxi Zhongxin

720## $aZhongguo Nongye Kexueyuan Keji Wenxian Xinxi Zhongxin

78010 $tZhongguo nongye wenzhai. Turang feiliao$x1002 - 543X

9. 080 字段或 082 字段 $2 子字段(版本号)显示问题

ISSN 中国国家中心原 ISSN MARC 数据 082 字段仅著录 $a(通用参考版本号)或 $b(其他版本号)两个子字段,现灌入的 MARC 21 082 字段显示为 $2 子字段,且表述不同。

例:

007ta

008870330c19819999cc#b||p|#|||||||||e0mulo

0220# 222a0253 - 2239$l0253 - 2239

030## $aGUXUDC

044## $cCHN

080## $a535$2[curr. ed.]

2101# $aGuānxué xuébào

222## $aGuānxué xuébào

24611 $aActa optica Sinica

260## $aShànghǎi:$bShànghǎi Kēxué jìshù chūbǎnshè.

007ta

008110107c19869999cc#q||p|#|||||||||a0eng

022#0 $a1000 - 2413$222$l1993 - 0437

044## $cCHN

082#0 $a620. 11$2[current]

2101# $aJ. Wuhan Univ. Technol.$b(Print)

222## $aJournal of Wuhan University of Technology$b(Print)
245#1 $aJournal of Wuhan University of Technology
24613 $aJournal of Wuhan University of Technology. Materials Science
24613 $aWuhan Ligong Daxue xuebao. Cailiao kexue ban
260## $aWuhan :$bWuhan University of Technology
720## $aWuhan University of Technology
776#0 $tJournal of Wuhan University of Technology(Online)$x 1993 -0437

007ta
008881214c19809999cc#f||p|#|||||||||e0chio
022#0 222a1000 -2561$l1000 -2561
044## $cCHN
082#0 $a**631**$**2**[**orig. ed.**]
222## $aRedai zuowu xuebao
245#1 $aRedai zuowu xuebao.
24611 $aChinese Journal of Tropical Crops
260## $aHainandao :$bHuanan Redai Zuowu Kexue Yanjiuyuan Ke Ji Qingbao Yanjiusuo.
720## $aZhongguo Redai Zuowu Xuehui
720## $aHuanan Redai Zuowu Kexue Yanjiusuo
720## $aHuanan Redai Zuowu Xueyuan

007ta
008110107d19982009cc#b||p|#|||||||||e0mulo
022#0 $a1008 -1682$222$l1008 -1682
044## $cCHN
082#0 $a338$2[original]

222## $aDianli jishu jingji

245#1 $aDian li ji shu jing ji

24611 $aElectric Power Technologic Economies

260## $aChangsha :$bDianli Jishu Jingji Zazhishe

720## $aGuo – Wang Beijing Jingji Jishu Yanjiuyuan

720## $aState Power Economic Research Institute

720## $aHu'nan Sheng Dianli Gongsi

720## $aHunan Electric Power Company

720## $aZhongguo Dianli Caiwu Youxian Gongsi

720## $aChina Power Financial Co. Ltd.

720## $aHu'nan Sheng Dianli Jingji Yanjiuhui

720## $aHu'nan Sheng Jishu Jingji yu Guanli Xiandaihua Yanjiu hui

78010 $tHu'nan dianli jingji

78510 $tNengyuan jishu jingji$x1674 – 84410820

10. 022 字段 $b 子字段(限定信息)包含“( )”

ISSN 中国国家中心 ISSN MARC 数据 022 字段 $b 子字段不著录“( )”,由系统自动生成,现灌入的 MARC 21 数据带有“( )”。

例:

007ta

008060404c20029999cc#b| |p|#| | | | | | | | |e0chio

022#0 222a1672 – 0571$l1672 – 0571

044## $cCHN

082#0 $a610$2[original]

222## $aXiandai zhongyiyao$b(Xianyang)

245#1 $aXian dai zhong yi yao.

24611 $aModern Traditional Chinese Medicine

24613 $aModern Journal of Traditional Chinese Medicine and Pharmacy

260## $aXianyang :$bXiandai Zhongyiyao Zazhishe.

720## $aShanxi Zhongyi Xueyuan

78010 $tShanxi zhongyi hanshou$x1002 - 1523

11. 780、785 字段第 1 指示符问题

现灌入的 MARC 21 数据 780、785 字段第 1 指示符为"1"(不显示附注),但《ISSN 手册》编目规则中第 1 指示符值"0"(显示附注),未定义第 1 指示符值"1"(不显示附注)。而《ISSN 手册》外的 MARC 21 规则则定义了 780、785 字段第 1 指示符 "1"(不显示附注)。

例:

007ta

008100112d19902008cc#q||p|#|||||||||a0eng

022#0 $a1006 - 1266 $222 $l1006 - 1266

044## $cCHN

082#0 $a622 $2[original]

210#1 $aJ. China Univ. Min. Technol.

222## $aJournal of China University of Mining and Technology

245#1 $aJournal of China University of Mining and Technology.

24611 $aZhongguo Kuangye Daxue xuebao

260## $aXuzhou : $bEditorial Board of Journal of CUMT

720## $aChina University of Mining & Technology

776#0 $tJournal of China University of Mining and Technology (Online) $x2212 - 4578

78510 $tMining Science and Technology (Xuzhou) $x1674 - 5264

12. 022 字段的 $2 子字段顺序不同, $2 子字段排列在 $a 之前或 $a 之后的情况都有

例 1:

007ta

008890414c19609999cc#u||p|#|||||||||c0chio

022#0 $222 $a0254 - 3974 $l0254 - 3974

044## $cCHN

080## $a61 $2[curr. ed.]

210#1 $aZhōngyī zázhì

222## $aZhōngyī zázhì

24611 $aJournal of traditional chinese medicine (Zh? ngguóhuà)

260## $aBěijīng: $bZhōnghuá quánguó zhōngyī xuéhuì.

720## $aZhōnghuá quánguó zhōngyī xuéhuì

720## $aAll – China Association of Traditional Chinese Medicine

720## $aAcademy of Traditional Chinese Medicine

767#1 $tJournal of traditional chinese medicine $x0255 – 2922

767#0 $tRevista de la medicinatradicional china $x1130 – 4405

例 2:

007ta

008120629d20002009cc#m||p|#|||||||||e0chio

022#0 $a1009 – 007X $222 $l1009 – 007X

044## $cCHN

082#0 $a895.1 $2[original]

222## $aBaogao wenxue $b(Wuhan)

245#1 $aBao gao wen xue.

24611 $aReportage

260## $aWuhan : $bChangjiang Wenyi Chubanshe

720## $aChangjiang Wenyi Chubanshe

13. 数据量有差异

现灌入的 MARC 21 数据总量 13939 条,ISSN 中国国家中心原库数据总量 14070 条,ISSN 中国国家中心比国际中心提供的数据多 131 条。但也并非国际中心有的数据而 ISSN 中国国家中心就有,任意抽取一个号段的早期数据发现,国际中心有数据而 ISSN 中国国家中心没有数据的情况也较多,如:0301 – 9748、0301 – 9578、0301 – 9764、

0304－8004、0366－4597、0366－6670、0367－1348、0368－3060、0368－4121、0370－8616、0371－246X、0379－4156、0412－0876等。

由此推断,国际中心有数据而ISSN中国国家中心没有的数据可能有400—500条,反之ISSN中国国家中心有数据而国际中心没有数据的情况也存在。需要补编这些数据,编目信息还需查阅图书馆馆藏刊物。

四、灌入丹诚系统后的MARC 21数据与原库ISSN MARC数据核对、修改方案

(1)原则上按国际中心《ISSN手册》MARC 21著录规则核对与修改。

(2)内容未显示或显示错误的,依据ISSN MARC数据内容核对修改,必要时查看其他数据库。

(3)主要字段、子字段及指示符变化等重点归纳:

022字段指示符变化“022##——0220#”;

022字段增加$2子字段著录国家中心代码;

082字段指示符变化“082##——08204”;

2个重复的082字段(ISSN MARC重复子字段),后一个082字段指示符都未转换过来,需手工修改;

044字段著录出版国别“CHN”;

007字段一部分未转换过来,需要时手工添加;

041字段未转换过来,必要时手工添加;

210指示符变化;

222字段子字段变化,$b增加“( )”;

245字段指示符变化“245##——2451#”,增加结束符“.”;

246指示符变化;

260字段子字段变化,如$b前增加“:”;

550字段转换为720字段;

760字段指示符变化;

776 字段指示符变化;

780 字段指示符变化;

785 字段指示符变化。

对于转换发生的特殊情况,依照“转换如初原则”,即除格式转换外,数据内容基本依据原数据,暂不做大的改动。如:880 字段中文内容暂保留;汉语拼音有声调暂保留;222 字段 $1 暂不著录 ISSN-L,转换过来的“ISSN-L”删除。

编目格式转换初期可能由于熟练程度等因素会影响编目速度,但仍必须保证编目质量,严格按照编目新格式进行数据制作。

第六章 ISSN 与 CN、条码和 CODEN

一些出版者在申请和使用 ISSN 时,还不能全面正确认识与其同时使用的 CN、条码、CODEN 等,也还不清楚 ISSN 与这些相关编码是否有关联以及有哪些关联。

《中国标准连续出版物号》国家标准中已经规定了 ISSN 的编码结构,在中国注册的每一种连续出版物的每一个版本都有一个唯一的标准编码。中国标准连续出版物号是由国际标准刊号 ISSN 和国内统一刊号(CN Serial Numbering)两部分组成。在我国,经国家新闻出版署正式批准的连续出版物,按照该标准进行编码。

一、ISSN 的结构

在前文已有说明,不再赘述。参见前文第一章第一节。

二、ISSN 显示位置与格式

位于封面右上角,如图 6 - 1 所示。

三、在书目数据记录中,ISSN 著录在 011 或 022(ISSN MARC)字段

例 1:
011## $a1000 - 7911
091## $a51 - 1272
092## aCNb78 - 27
100## $a19900830b19731992####chi########ea
1010# $achi$deng
102## $aCN

图 6－1　ISSN 位于封面右上角

106## $ar

110## $aaga

2001# $a 重庆医药 $AChongqing yiyao$dChongqing Journal of Medicine$zeng$f 该刊编辑部

345## $a 重庆市市中区青年路 44 号(630010)

207#0 $aV. 1,no. 1(1973,1) ~ v. 21,no. 6(1992,11) = 总 1 ~ 122

210## $a 重庆 $c 重庆市医学情报研究所

215## $a21$d26cm

300## $a 原并列题名:Chongqing Medical Journal

440#1 $t 重庆医学 $x1671 - 8348

6100# $a 重庆医药

71002 $a 重庆市医学情报研究所 $aChongqing Institute of Medical Information

71002 $a 中华医学会重庆分会 $aChongqing Branch of the Chinese Medical Association

676## $a610

690## $aR

802## $a22

例 2：

008900830d19772012chnb22p##########e#multx

022## $a1000 – 1891

082## $b665. 5

222## $aDaqing Shiyou Xueyuan xuebao

245## $aDa qing shi you xue yuan xue bao

246#1 $aJournal of Daqing Petroleum Institute

260## $aAnda$bGai Kan Bianjibu

550## $aDaqing Shiyou Xueyuan$aDaqing Petroleum Institute

785#0 $tDongbei Shiyou Xueyan xuebao$x2095 – 4107

第一节　ISSN 与 CN

CN 号即国内统一连续出版物号，是中国标准连续出版物号的组成部分，是由国家出版管理部门负责分配给连续出版物的代码。

一、CN 结构

国内统一连续出版物号结构：CN 为前缀，由 6 位数字以及分类号组成。CN 为中国的国名代码。

国内统一连续出版物号 6 位数字由国家出版管理部门负责分配

给连续出版物。CN 与 6 位数字之间有一个单字节空格。6 位数字的前 2 位与后 4 位之间用单字节“-”隔开。

国内统一连续出版物号 6 位数字的前 2 位为地区号，依据 GB/T 2260中的数字码前 2 位给出。连续出版物较多的北京地区，当地区代码“11”使用完毕后，北京地区的连续出版物使用“10”为扩充代码。

国内统一连续出版物号 6 位数字的后 4 位数字为地区连续出版物的序号。各省、自治区、直辖市的国内连续出版物序号范围一律从 0001—9999，其中 0001—0999 为报纸的序号，1000—5999 为印刷版连续出版物的序号，6000—8999 为网络连续出版物的序号，9000—9999 为有形的电子连续出版物（如光盘等）的序号。

国内统一连续出版物号的分类号用以说明连续出版物的主要学科范畴，以便于对连续出版物的分类统计、订阅、陈列和检索。期刊的分类号按《中国图书馆分类法（第五版）》的基本大类给出，其中文化教育类（G）和工业技术类（T）按二级类目给出。报纸暂不分类。

分类号置在国内统一连续出版物号 6 位数字之后，用一斜线“/”隔开。

二、显示位置与格式

中国标准连续出版物号应印在每期连续出版物显著的、固定的位置上。国际标准连续出版物号（ISSN）与国内统一连续出版物号（CN号）可以分开印刷。

如果国内统一连续出版物号（CN 号）独立印刷时，应印在版权页（块）、目次页和封四下方。印刷格式举例：

CN 42-1223/TN

位于封底，如图 6－2 所示。

如果国际标准连续出版物号（ISSN）和国内统一连续出版物号（CN 号）一起印刷时，中国标准连续出版物号的印刷位置在出版物的封面右上角、版权页（块）或目次页和封四下方。

位于封面右上角，如图 6－3 所示。

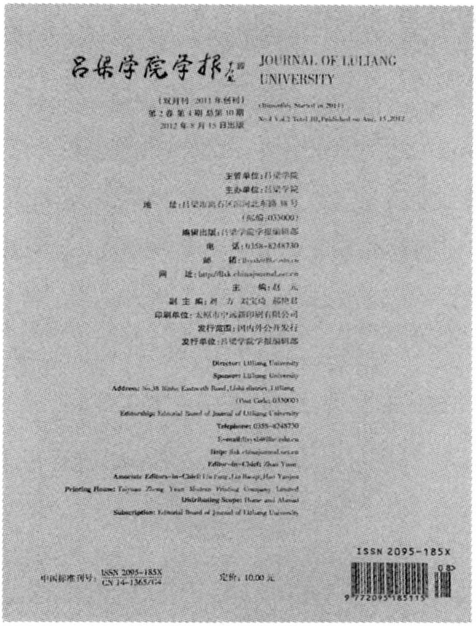

图 6－2　CN 位于封底

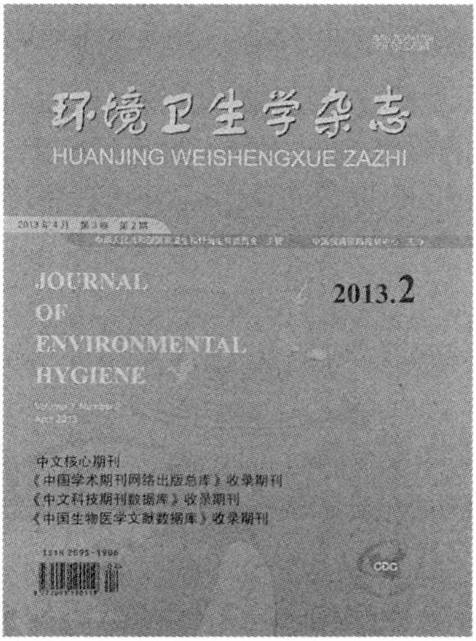

图 6－3　位于封面右上角

位于 CD-ROM 的盘面标签，如图 6－4 所示。

图 6－4　CN 位于 CD-ROM 的盘面标签

三、在书目数据记录中，CN 著录在 091 字段

例：

011## $a1000－8446

091## $a50－1095/TG

100## $a19900830b19832004km#y0chiy50######ea

1010# $achi

102## $aCN

106## $ar

110## $aaga

2001# $a 金属成形工艺 $AJinshu chengxing gongyi $dTechnology for Metal Forming$zeng$f 该刊编辑部

345## $a43111 信箱

207#0 $aV. 1, no. 1(1983, 12) ~ v. 22, no. 3(2004, 6) = 总 1 ~ 109

210## $a 重庆 $c 中国北方工业公司重庆金属成形工艺研究所 $d1983 ~ 2004

215## $a22v.$d26cm

326## $a 双月刊 $b1992～2004

326## $a 季刊 $b1983～1991

442#1 $t 装备环境工程 $x1672－9242

6100# $a 金属 $a 成形工艺

7100# $a 国家机械工业委员会第六二研究所

7100# $a 中国兵工学会压力加工学会

676## $a671.8

690## $aTG3

802## $a22

四、非规范情况

CN 格式和位置显示也偶见非规范情况，下面列举了非规范形式，以期望出版者避免。

CN 格式错误。例如：CN 前缀与后面 6 位数字间未空格，或前 2 位数后未使用半角连字符而用双字节，或 CN 前缀后使用“：”。

CN 后的分类号错误。例如：CN 号 6 位数字后分类号（如“/G”）遗漏或错误使用，如有的分类号“/I”（文学类）被错用为“/1”，“/O”（数理科学与化学类）被错用为“/0”，即将大写英文字母错用为阿拉伯数字。

第二节　ISSN 与条码

一些用户在申请 ISSN 时，误认为 ISSN 就是条码或者认为 ISSN 与条码没有关联，针对这种现象，特别需要说明：凡有 ISSN 号的期刊都应按 GB/T 16287—1997《中国标准刊号（ISSN 部分）条码》和《出版物条码管理办法》的规定印有条码。

出版物条码是中国标准书号、中国标准连续出版物号的机读形式。出版物条码与中国标准书号、中国标准连续出版物号均是出版物的标识。它们在出版物上的应用密不可分。每一种专著都有一个书号与相应的书号条码，每一种连续出版物都有一个刊号与相应的期刊条码。出版物条码具有唯一性。

我国于 1993 年开始使用期刊条码，继而全面推广使用。同年 2 月，新闻出版署发出了《关于在出版物上使用条码的通知》，要求对外参展、对外交流和对外销售的出版物上均应印有条码。同年 8 月，《关于在出版物上全面推广使用条码的通知》又规定，1994 年 1 月 1 日以后出版的所有使用 ISBN、ISSN 的图书、期刊必须印有条码；成立新闻出版署条码中心；各书刊印刷企业逐步配备条码检测设备，以杜绝印刷不合格的条码流入市场；各书店逐步配备条码扫描设备，结合计算机应用进行销售管理。1996 年 3 月，新闻出版署重申《关于进一步在出版物上全面推广使用条码的通知》规定，并要求各出版单位严禁“一号多用”。

2000 年 3 月，新闻出版署出台了新出技[2000]404 号《出版物条码管理办法》，强调凡在中国注册并获准使用 ISBN、ISSN、ISRC 号的出版单位，必须办理和使用条码；明确了新闻出版署条码中心及各省出版物条码分中心的职责；规定了出版物条码的制作和申办方法；规范了条码的颜色、尺寸和印刷位置的执行标准；制定了罚则。

从无条码到全部使用条码，全国各大中书店、图书馆管理从手工抄录到现在均已使用条码技术管理系统，实现了标准、规范和科学的管理。同时，也提升了我国出版物的技术管理水平和国际竞争能力，为中外出版物交流、合作、贸易，实现全球经济一体化提供了很多方便。期刊条码是国际通用的，是期刊流通的通行证，它使 ISSN 这一权威性的期刊代码实现了机读化。

为了规范中国标准刊号条码标识在我国的应用，加快与国际接轨并结合我国国情，我国国家质量技术监督局于 1997 年 5 月发布了

GB/T 16827—1997《中国标准刊号(ISSN 部分)条码》(Bar code for ISSN in China standard serials number)。该标准采用了国际物品编码协会(EAN International)制定的《EAN 杂志和学术期刊规范》,即 EAN 专用前缀码 977 与国际标准刊号相结合的编码方法和条码标识方案。

一、条码结构

GB/T 16827—1997《中国标准刊号(ISSN 部分)条码》规定了代码结构,代码共由 15 位数字组成。以宽窄不同的线条的间隔组合起来的条码分成主体和附加码两部分。

主体部分的条码反映的是 13 位数字:最前面的 3 位"977"是连续出版物专用前缀代码。凡连续出版物均使用此前缀代码。

随后的 7 位数据码取自 ISSN 号中除去校验位以外的号码。

再随后的 2 位是年份码,用于标识期刊的出版年份,以公历年份的最末 2 位数字表示。期刊条码中的出版年份信息在我国于 1993 年开始使用期刊条码的初期是没有的,1997 年中国国家标准化管理委员会颁布了新的 ISSN 条码标准(1998 年 3 月 1 日起实施),该标准在条码结构中增加了出版年份信息。实践证明,作为检索码,期刊条码中有出版年份更能直观表达期刊出版周期,有利于计算机在期刊管理中的应用。

最后 1 位(即第 13 位)是校验位。

附加码共 2 位数字。根据 EAN 编码规则,附加码是表示附加信息的条码,由 2—5 位数字组成,我国采用的是两位数字附加码。期刊条码的附加码用于区别同一连续出版物的不同刊期。如:03、10 分别表示刊物的第 3 期、第 10 期。

具体结构如表 6 - 1 所示。

表 6－1　条码结构

主代码				附加码
前缀码	数据码（ISSN 号）	年代码	校验码	
977	$X_1X_2\cdots X_7$	Q_1Q_2	C	S_1S_2

二、显示位置与格式

条码显示格式，如图 6－5 所示。

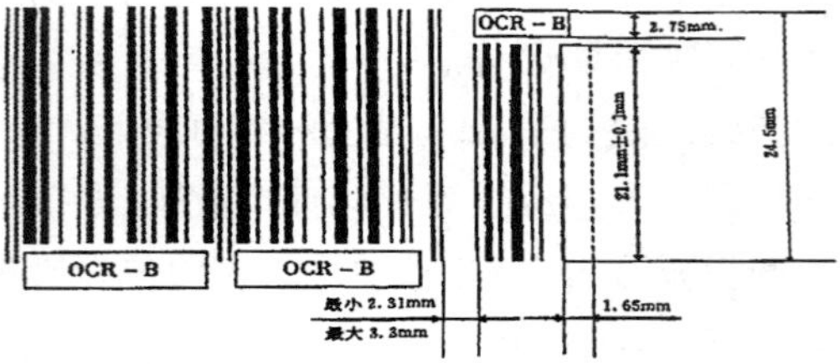

位于封面左下角，图 6－6 所示：

图 6－6　条码位于封面左下角

位于封底，图 6－7 所示：

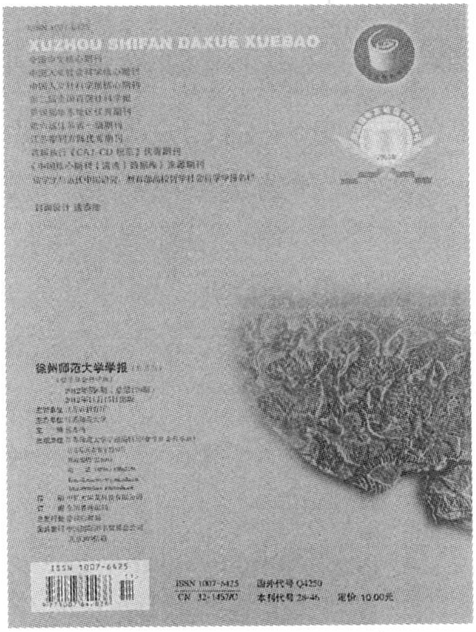

图 6－7　条码位于封底

三、非规范情况

条码的印刷不够清晰，导致无法识别；条码的显示位置不正确；条码的年份码和附加码错误等。非规范使用情况应避免。

第三节　ISSN 与 CODEN

CODEN（Code Number）是指通常印在科技期刊封面右上角，ISSN 之下的代码，是由美国化学文摘社（CAS）为科技期刊等连续出版物分配的统一刊名缩写代码，为国际公认，具有唯一性，广泛用于文献数据库和检索系统。已经被 CA、IPA、Compendex、《乌尔利希国际期刊指南》等国际检索系统广泛采用。

所有科技期刊都应该具有 CODEN。隶属 CAS 的 International CODEN Service 是进行 CODEN 注册登记的唯一专门机构。

一、CODEN 结构

CODEN 由 6 位英文字母及数字码组成,其中前 4 位为基本码(通常为刊名缩写),第 5 位为查重码,第 6 位为校验码。

前 4 位基本码,一般为期刊的英文名称每个实词(中文期刊则采用汉语拼音)词头,不足 4 个实词时,用其他词补充。

第 5 位为类别代码,使用英文字母(A—F)

第 6 位为校验码,使用数字(2—9)或英文字母(A—Z)。

例:

渤海大学学报(自然科学版) = Bohai Daxue xuebao. Ziran kexue ban 的 CODEN BDXZBL

浙江农林大学学报 = Zhejiang Nonglin Daxue xuebao 的 CODEN ZNDXBB

西南民族大学学报(自然科学版) = Xi′nan Minzu Daxue xuebao. Ziran kexue ban 的 CODEN XMDXAF

中国科技论文 = Zhongguo keji lunwen 的 CODEN ZKLHAF

中华糖尿病杂志 = Zhonghua tangniaobing zazhi 的 CODEN ZTZHBD

Journal of Pharmaceutical Analysis = 药物分析学报(英文版)的 CODEN JPAOAA

如果期刊已经更改刊名,不仅需要重新申请 ISSN 还需要重新申请 CODEN,未申请新 ISSN 的期刊编辑部,尽快申请新的 ISSN 和 CODEN。更名前刊物的 ISSN 和 CODEN 不得再用于更名后刊物。尚无 CODEN 的中国科技期刊编辑部,可以通过该网址申请:coden@cas.org。

中国科学技术期刊编辑学会网站(http://www.cessp.org.cn/ch/reader/view_news.aspx?id=20121231125015001)发布了截至 2012 年 12 月 31 日的"中国科技期刊 CODEN 一览表(25 版)",表中列出 2222 种期刊的 ISSN 和 CODEN。

二、显示位置与格式

CODEN 位于封面右上角，如图 6－8所示。

图 6－8　CODEN 位于封面右上角

三、在书目数据记录中，CODEN 著录在 030（ISSN MARC）或 040（CNMARC）字段

著录在 030 字段（ISSN MARC 书目数据）

例：

008900830d19802005chnq22p###########e#multx

022## $a1000－159X

030## $aTZJXES

082## $b621. 8

222## $aTaiyuan Zhongxing Jixie Xueyuan xuebao

245## $aTai yuan zhong xing ji xie xue yuan xue bao

246#1 $aJournal of Taiyuan Heavy Machinery Institute

260## $aTaiyuan$bGai Kan Bianjibu

550## $aTaiyuan Zhongxing Jixie Xueyuan$aTaiyuan Heavy－Machinery Institute

785#0 $tTaiyuan Keji Daxue xuebao$x1673－2057

著录在 040 字段（CNMARC 书目数据）

例：

011## $a1000－341X

040## $aSYPIET

091## $a21－1208/O1

092## aCNb8－92$C1208Q

100## $a19900830b19812011em#y0chiy50######ea

1010# $achi$aeng$deng

102## aCNb210000

106## $ar

110## $aaga###0yy0

2001# $a 数学研究与评论 $AShuxue yanjiu yu pinglun$dJournal of Mathematical Research and Exposition$zeng$f 该刊编委会

207#0 $aV. 1, no. 1(1981, 4) – V. 31, no. 6(2011, 11) = 总 1 – 131

210## $a 大连 $c 大连理工大学出版社 $d1981 – 2011

215## $d26cm

300## $a2009, no. 1(2009, 1) = 总 114 起改为英文版

314## $a 据 V. 31, no. 6(2011), 主办单位为: Dalian University of Technology; 编辑出版单位为: The Editorial Office of Journalof Mathematical Research and Exposition

326## $a 双月刊 $b2009 ~ 2011

326## $a 季刊 $b1981 ~ 2008

345## $a 编辑部地址: 辽宁省大连市大连理工大学应用数学研究所, School of Mathematical Sciences Dalian University of Techn ology (116024); http://jmre. dlut. edu. cn

440#1 $tJournal of Mathematical Research with Applications$x 2095 – 2651

5101# $aJournal of Mathematical Research and Exposition$zeng

6100# $a 数学 $a 研究 $a 评论

676## $a510

690## $aO1

71002 $a 大连理工大学 $aDalian University of Technology$4 主办

71002 $a 大连理工大学应用数学研究所 $4 主办

802## $a22

第七章　规范使用 ISSN

为进一步做好我国连续性资源 ISSN 管理工作,也鉴于我国出版机构数量多、出版总量大的特点,特别有必要将 ISSN 使用的非规范情况指出,并就规范做法及相关知识向出版机构进行广泛宣传,以便更有效地实施指导和监督,促进 ISSN 的使用向着更加规范更加健康的方向发展。下面列举了 ISSN 非规范使用情况:

1. ISSN 格式和位置显示错误

例如:ISSN 前缀与后面数字间未空格,或空格未使用单字节而用双字节,或 ISSN 前缀后使用":"或"-",或位置显示在贴近书脊处(纵向排列)等。

2. 连续性资源已更名但仍沿用更名前 ISSN

一种连续性资源已经更名,但仍沿用原刊刊号,未及时申请新的 ISSN。

3. 网络版连续性资源未申请 ISSN 而是使用其印刷版的 ISSN

如果一种连续性资源以不同的载体(印刷版、光盘版或网络版)出版,不管题名是否相同,都要分别分配识别题名和 ISSN。如果连续性资源的载体改变,那么应重新分配 ISSN 和识别题名而不得使用其印刷版的 ISSN。

至于同一连续性资源不同载体版本的关联性问题,图书馆工作者会在建立数据时选用相应的字段进行连接加以体现,用户可检索到全部关联资源的书目数据。

4. 同种连续性资源的中文版和英文版使用同一 ISSN

有些由中文版更名为英文版,或由英文版更名为中文版的连续性资源使用更名前的 ISSN。这也是错误使用 ISSN 的情况。

5. 同种连续性资源的少数民族语言版和汉文版使用同一 ISSN

少数民族语言连续性资源未申请 ISSN 而是使用汉文版 ISSN 情况也时有发生，这同样也违背了《ISSN 手册》规定的同种刊物的不同文种应使用不同的 ISSN 的原则。出版机构应及时分别为不同少数民族语言版本的连续性资源分别申请 ISSN。

6. 一种连续性资源上印有两个不同的 ISSN

有些已经更名的连续性资源，封面已使用了新申请的 ISSN，但版权页或封底等信息源仍保留了更名前的 ISSN。新闻出版管理部门批准更名后，即新的连续性资源开始出版，原来的连续性资源停止出版，更名前连续性资源的 ISSN 标识应停止使用。

7. 违规自行分版，造成“一号多刊”

有些连续性资源按学科或按年龄段分不同版本出版，如：自然科学版/社会科学版、高中版/初中版/小学版、语文/数学/英语等。诸如以上一种连续性资源的 2 个或 3 个不同版本使用同一个 ISSN 情况也屡有发生，这违背了“一刊一号”原则。

一种连续性资源的不同版本应视为另一种连续性资源，应重新申请 ISSN。一种连续性资源不得自行分版以衍生出多个出版物品种。

8. ISSN 字体使用不规范

有个别连续性资源的 ISSN 使用了小于五号的字体，过小的字体影响读者查询、收藏机构及发行机构的识别。所以，应按相关规定使用不小于五号的黑体字。

综上各类型非规范情况，分析其发生的原因，有出版社或编辑部机构重组等导致人员变化，未做好衔接工作的原因，也可能由于对《出版管理条例》《期刊出版管理条例》及《期刊出版形式规范》的相关条例和规定学习不够，还有就是连续性资源负责人只重视连续性资源内容的审校而忽视了编码标识的审校和检查。要避免诸如以上非规范使用的情况，须注意加强相关条例、规范的学习，特别是新接手工作的人员要注意学习，此外，负责人要定期审校 ISSN 编码标识的使用情况，发现错误及时改正，或咨询 ISSN 中国国家中心，最终达到 ISSN 使用的规范化目标。

总之，多年来，ISSN 中国国家中心一直不懈地致力于国际标准连续出版物编码的各项工作，但工作要不断提升，还需得到相关出版机构和出版工作者的大力支持和配合。希望在各方共同努力下，整体提升 ISSN 使用的规范化水平，共促出版事业发展。

主要参考资料

1 A. A. Mullis. ISDS Manual[M]. Paris: ISDS International Centre, 1983

2 ISSN Manual Cataloguing Part[M]. Paris: ISSN International Centre, 2003

3 ISO 3297:2007 Information and documentation—International standard serial number(ISSN)[EB/OL]. [2012-05-27]. http://www.iso.org/iso/catalogue_detail? csnumber=369601

4 ISSN Manual Cataloguing Part[EB/OL]. [2012-05-27]. http://www.issn.org/2-23364-ISSN-Manual.php

5 ISO 2709:1996 Information and documentation — Format for information exchange [EB/OL]. [2012-05-27]. http://www.iso.org/iso/catalogue_detail? csnumber=369601

6 中国标准连续出版物号(GB/T 9999—2001)[EB/OL]. [2011-11-27]. http://www.gjs.cn/show.asp? id=1399

7 GB/T 16827—1997 中国标准刊号(ISSN 部分)条码[EB/OL]. [2012-06-22]. http://www.ancc.org.cn/Statute/article.aspx? id=1366

8 期刊出版管理规定[EB/OL]. [2012-06-22]. http://baike.baidu.com/view/2465211.htm

9 期刊出版形式规范[EB/OL]. [2012-06-22]. http://baike.baidu.com/view/6878642.htm

10 出版管理条例[EB/OL]. [2012-06-22]. http://baike.baidu.com/view/438232.htm? fromId=1683240

11 出版物条码管理办法[EB/OL]. [2012-06-22]. http://baike.baidu.com/view/2669737.htm

12 美国国会图书馆网站. [2012-06-22]. http://www.loc.gov/catdir/cpso/ro-

man. html

13 国家图书馆. 新版中国机读目录格式使用手册[M]. 北京:北京图书馆出版社,2004

14 国家图书馆 MARC 21 格式使用手册课题组. MARC 21 书目数据格式使用手册[M]. 北京:北京图书馆出版社,2005